Siegfried H. Seidl

Direktflug nach Bagdad

Einblicke in das Regime von Saddam Hussein

Manutius Verlag

Der Autor:

Geboren 1965, hauptberuflich Rechtsanwalt, nebenberuflich Wissenschaftlicher Mitarbeiter bei Nicole Bauer MdB, zuständig für den Ausschuss für Wirtschaft und Energie des Deutschen Bundestages, Mitglied der Deutschen Gesellschaft für Auswärtige Politik e. V. seit 1998, seit 2000 regelmäßige Informationsreisen in Krisengebiete

Dieses Buch ist meiner Mutter Helene Seidl gewidmet.

»Die gefährlichste Weltanschauung ist die Weltanschauung derjenigen Leute, welche die Welt nie angeschaut haben.«

Alexander von Humboldt (1769 bis 1859)

INHALT

Einleitung
Seite 9

Direktflug nach Bagdad
Tagebuch einer deutschen Delegationsreise in den Irak
vom 1. bis zum 4. Juni 2001
Seite 13

Im Kanzleramt I
I. Memorandum
Seite 49

Bildteil
Seite 61

Informelle Gespräche in Bagdad
Tagebuch einer Informationsreise
vom 18. bis zum 25. November 2001
Seite 67

Im Kanzleramt II
II. Memorandum
Seite 109

Nachwort
Seite 119

Literatur
Seite 133

Danksagung
Seite 137

Einleitung

Wir schreiben Juni 2001. Die Twin-Towers stehen noch. In den Vereinigten Staaten hat vor kurzem der umstrittene, aber eigentlich langweilige neue Präsident George W. Bush das Amt seines beliebten Vorgängers Bill Clinton übernommen. In Berlin ist Gerhard Schröder gerade in sein neues Kanzleramt umgezogen. Die rot-grüne Bundesregierung hat sich gut etabliert, die Diskussion über die sogenannte ›Agenda 2010‹ ist noch Zukunftsmusik. Es werden erste Pläne für eine wegweisende Verfassung der Europäischen Union vorgestellt. Der Euro wird von allen Seiten beworben. Die Latte-Macchiato-Gesellschaft formiert sich.

In dieser optimistischen, fast idyllischen Welt vollzieht sich ganz woanders ein Drama eigener Art. Nach blutigen Kriegen in den 80er und 90er Jahren haben die Vereinten Nationen, angeführt von den USA und Großbritannien, dem irakischen Regime des Diktators Saddam Hussein die heftigsten Sanktionen auferlegt, die bis dahin jemals gegen ein Land verhängt wurden. Ähnlich wie heute gegenüber dem Iran versucht man, die herrschende Clique in die Knie zu zwingen, oder das Land zumindest ›einzudämmen‹, wie es im Fachjargon heißt.

Das hat in den vergangenen Jahren nicht wirklich funktioniert. Das seit 1996 praktizierte so genannte Öl-für-Nahrung-Programm *(Oil-for-food)* sollte mit ›klugen Sanktionen‹ *(smart sanctions)* verbessert werden. Aber die Herrscherclique lässt sich davon nicht beeindrucken. Immer wieder kommt es zu Zwischenfällen in der Flugverbotszone. 1998 führte die Clinton-Administration den Militärschlag ›Wüstenfuchs‹ *(Operation Desert Fox)* durch. Seitdem wird den UN-Waffeninspekteuren die Wiedereinreise verweigert. Die knapp 23 Millionen Einwohner des Landes sind von der Außenwelt fast gänzlich abgeschnitten. Das Internet entsteht gerade. Ein Funkmobilnetz gibt es für die Masse nicht.

Somit herrscht allseitige Unzufriedenheit. Die ›Friedensbewegten‹ sehen in dem Sanktionsregime der UNO gegenüber dem isolierten Land einen ›anderen Krieg‹, wie der von 1998 bis 2000 wirkende UN-Koordinator Hans-C. Graf Sponeck später seine harte Abrechnung in Buchform betiteln wird. Der Westen sieht die Gefahr einer Wiederaufrüstung mit ABC-Waffen. Die deutsche Wirtschaft sieht den Verlust eines Partnerlandes, das einmal von Siemens und Co. ausgestattet wurde, und außerdem eine empfindliche Störung des Ölmarktes. Nicht zuletzt die Bevölkerung sieht sich hoffnungslos der Propaganda und den Machenschaften des Baath-Regimes ausgesetzt und leidet tatsächlich furchtbar unter den Verhältnissen. Vor allem die medizinische Versorgung ist katastrophal.

In dieser aufgeheizten Diskussion betreten mehr und mehr Aktivisten, mit gewollter oder erduldeter Unterstützung des irakischen Regimes, die Bühne. Der Höhepunkt war sicherlich der Direktflug nach Bagdad, ein von der Deutsch-Irakischen Gesellschaft organisierter gecharterter Flug von Frankfurt am Main nach Bagdad.

Ich leitete zu dieser Zeit eine kleine Arbeitsgruppe für Internationale Beziehungen in der Berliner SPD, und erfuhr mehr oder weniger zufällig von diesem Flug, der dem Vernehmen nach nur sehr widerwillig vom Auswärtigen Amt genehmigt wurde. Nach meinen Reisen nach Osteuropa, insbesondere in die Ukraine, nach Russland, und auf den Balkan, nach Serbien und in den Kosovo, wollte ich dieses Krisengebiet erforschen. (›Wer eine neue Welt erforscht, für den muss alles wichtig sein‹, wird später dem Forscher Alexander von Humboldt in dem Spielfilm *Die Vermessung der Welt* in den Mund gelegt. Das ist 2001 auch meine Devise.)

Mir war bewusst, dass meine Teilnahme problematisch war, denn den Organisatoren wurde vorgeworfen, die Vorstöße seriöser Hilfs- und Menschenrechtsorganisationen zur Beendigung des noch bestehenden Embargos gegen den Irak zu einer Entscheidung für das Regime von Saddam Hussein umzufunktionieren. Aber es war die einzige effektive Möglichkeit für mich, Einblicke in das Regime von Saddam Hussein zu kommen. Das politische Geplänkel, die negative Begleitmusik, überhörte ich geflissentlich. Allein die Erfahrung zählte. Ich meldete mich also kurzerhand für den Direktflug an.

Der viertägige Aufenthalt in Bagdad erwies sich in der Tat als Informationsquelle erster Güte. Am Rande der vom Regime organisierten Propaganda-Veranstaltungen, denen man sich auch diskret entziehen konnte, traf ich unter anderem auf den stellvertretenden Premier- und ehemaligen Außenminister Tarek Aziz, das im Westen bekannte Gesicht des Regimes. In Nächte langen Gesprächen mit informierten Zeitzeugen erhielt ich einen Einblick in das dunkle Land, der mir half, die Lage richtig einzuschätzen.

Darüber führte ich ein akribisches Tagebuch. Es gab keinerlei Anzeichen, dass Bagdad bald Schauplatz eines schrecklichen Krieges sein würde, dass Großmächte zynische Fehler begehen, und in Europa das Thema plötzlich die Nummer Eins in der Außenpolitik sein würde.

Im Bundeskanzleramt, dem ich unmittelbar nach meiner Reise berichtete, erfuhr ich lediglich, dass das Thema Irak nicht auf der Tagesordnung der deutschen Außenpolitik stehe. Der Bericht wurde zu den Akten gelegt.

Nur wenige Monate später bombte Al-Qaida das Thema auf die Tagesordnung der Weltpolitik. Seit 1998 beabsichtigten die Vereinigten Staaten von Amerika einen Regimewechsel in dem Land. Nach dem 11. September 2001 wurden konkrete Aktionen diskutiert, diesen Regimewechsel durch einen militärischen Eingriff gewaltsam herbei zu führen. Meine Begegnungen vom Juni waren noch lebendig, die Kontakte heiß. Ich beschloss, eine zweite Reise zu unternehmen, und begab mich auf schwierigstes diplomatisches Terrain, da ich aktives Mitglied der deutschen Regierungspartei war und eine *offizielle* Reise deshalb unmöglich war.

Zudem gab es ganz praktische Probleme, denn der Direktflug war ein singuläres Ereignis. Man konnte nicht einfach nach Bagdad fliegen. Vielmehr musste man mit dem Taxi von Damaskus aus durch die Wüste fahren. Ohne Mobilfunk ein abenteuerliches Unterfangen. Aber der Wissensdurst trieb mich erneut an. Im November 2001 absolvierte ich ein umfangreiches ›quasi-offizielles‹ Programm, mit Terminen in wichtigen Ministerien, der Universität, der Akademie der Künste und wieder bei Tarek Aziz im Regierungspalast. Ich wurde durch gespenstische dunkle Fluren geführt, ganz auf mich allein gestellt, und spürte die aufkeimende Konfrontation mit den USA. Bei meiner Abreise wusste ich: Es wird Krieg geben, die Frage war nur, wie und wann.

Die Tagebuchaufzeichnungen der beiden Reisen geben Einblick in die Verhältnisse vor dem Angriff im März 2003. Es ist ein Augenzeugenbericht und ein Einblick in die Denkweise und die Mechanismen des Regimes von Saddam Hussein. Die Schilderung der Gesprächsinhalte sind Zeugnisse von Personen der Zeitgeschichte sowie von so genannten einfachen Menschen über die politische Situation im Irak im Jahr 2001.

Von Beruf praktizierender Rechtsanwalt, fiel es mir nicht schwer, die Sachverhalte nach bestem Wissen und Gewissen aufzuschreiben, um dem damaligen Stand der Diskussion möglichst nahe zu kommen. Die interessante persönliche Erkenntnis ist, dass außenpolitische Prozesse äußerst komplex sind, und es ›die Wahrheit‹ ohnehin nicht gibt.

Das Nachwort wurde größtenteils für eine kleinere Vorauflage dieses Buches schon im September 2015 verfasst. Es reflektiert meine theoretischen Gedanken zum Komplex ›Irak-Krieg‹. Jetzt, zwanzig Jahre nach meinen Reisen, hat sich der Nahe Osten wegen der syrischen Katastrophe so grundlegend verändert, dass es an manchen Stellen aktualisiert und ergänzt werden musste.

Berlin, den 11. September 2021
Siegfried H. Seidl

Tagebuch einer deutschen Delegationsreise in den Irak vom 1. bis zum 4. Juni 2001

Freitag, 1. Juni 2001

Ich sitze auf dem Balkon meines kleinen Apartments im Hotel *Al-Mansoor*, Zimmer Nr. 628, Bagdad, Irak. Es ist 21.40 Uhr Ortszeit; in Deutschland ist es 19.40 Uhr. Ich schaue über die Stadt. Aus einem Lautsprecher ertönt arabische Musik – die üblichen Liebesklagelieder. Der Tigris fließt am Hotel vorbei. Über die langgezogene Brücke bewegen sich im gelben Lichtschein der Straßenleuchten die Autos, oft alte amerikanische Schlitten aus den 70er und 80er Jahren. An der Kreuzung vor der Brücke steht eine Moschee, die von einer Mauer umgeben ist und ansprechend beleuchtet wird.

Die Musik endet. Stattdessen tönt es vom Minarett. Ein alter schwarzer Cadillac überquert gemächlich die Kreuzung. *Die von der Deutsch-Irakischen Gesellschaft initiierte Reise nach Bagdad wurde also tatsächlich genehmigt*, geht es mir in diesem Moment durch den Kopf.

Im Vorfeld gab es erhebliche Widerstände. Bestimmte, kurdenfreundliche Nichtregierungsorganisationen übten scharfe Kritik an einem derartigen Direktflug. Nach den Vereinten Nationen gab auch die deutsche Regierung ihr Ja-Wort.

Bekanntlich unterliegt der Irak den schärfsten Embargo-Bestimmungen, die je einem Land auferlegt worden sind. Als ich vor zwölf Tagen von dieser Reise erfuhr, über eine Kollegin des Fachausschusses für Internationale Politik der Berliner SPD, war mir dies nicht bewusst. Spontan beschloss ich, daran teilzunehmen, und leitete alle erforderlichen Maßnahmen ein.

Am Freitag letzter Woche telefonierte ich sicherheitshalber noch einmal mit dem Organisator dieser Reise, dem im Irak geborenen Nahostexperten Aziz Alkazaz aus Hamburg, da ich von meiner Kollegin gehört hatte, dass es Schwierigkeiten gebe und der Flug noch nicht genehmigt worden sei. In der Einladungs-Email wurde der Flug zwar als hundertprozentig sicher angepriesen, aber Aziz Alkazaz klärte mich auf. Er sagte, es läge bereits eine – mündliche – Zusage der UN vor, doch die Genehmigung zur Landung der gecharterten bulgarischen Maschine in Frankfurt am Main stehe noch aus.

Im Flugzeug saß ich zufälligerweise zwischen zwei Geschäftsleuten aus Baden-Württemberg, die für eine Motorenfabrik arbeiten. Der jüngere von ihnen erzählte, dass sie bereits letzte Woche die Reisespesen beantragt hatten. Die Juristen der Firma hätten dann aber doch keine Freigabe des Geldes bewilligt, da das Auswärtige Amt voraussichtlich wieder nicht zustimmen werde. Sie selbst hätten dann nicht mehr an diesen Flug geglaubt.

Von anderen Reiseteilnehmern erfuhr ich ebenfalls, dass bereits zwei- bis dreimal versucht worden sei, so einen Direktflug durchzuführen, dieser aber jedes mal vorher abgesagt worden war. Diesmal hatte es also geklappt. Für mich bedeutete das noch die Einbindung des Auswärtigen Amtes (AA) und des Willy-Brandt-Hauses (WBH). Während der Staatsminister Dr. Christoph Zöpel vom AA und der Leiter der Abteilung Internationales im WBH, Achim Post, per Fax von mir informiert wurden, sprach ich telefonisch noch mit Wolfgang Biermann und Wolfgang Weege vom WBH. Letzterer ist für den Nahen Osten zuständig. Beide lehnten meine Initiative ab, letzterer ganz entschieden, mit zum Teil skurrilen Begründungen: Ein irakischer Aktivist der Organisation ›Ärzte ohne Grenzen‹ sei einmal verschwunden im Irak, nachdem ein Deutscher sich bei Saddam Hussein für ihn eingesetzt habe. Ich versuchte die Bedenken des WBH zu zerstreuen, indem ich darauf verwies, nur Erfahrungen sammeln zu wollen.

Weege meinte, es sei schade, dass ich mich so spät bei ihm gemeldet habe. Er hätte mir sonst eindeutig abgeraten, an diesem Flug teilzunehmen. Man will keine Fehler machen, dachte ich, und nicht Gefahr laufen, sich eventuell zu beschmutzen durch die sicherlich aktive irakische Propaganda-Maschine Saddams. Ich dachte gründlich nach und kam dann mit meinem Gewissen ins Reine: Es gibt momentan keinen anderen und ungefährlicheren Weg, sich vor Ort bei den Leuten kundig zu machen und Kontakt zu den maßgeblichen Leuten aufzunehmen. Ich meldete mich als ›privater Reiseteilnehmer‹ an.

So stürzte ich mich heute Morgen in das Chaos. Kurz nach Mitternacht ging ich zu Bett. Um fünf Uhr stand ich auf. Eine Stunde später saß ich im Taxi zum Flughafen. Dort musste ich feststellen, dass der gebuchte Lufthansa-Flug um 6.55 Uhr nach Frankfurt am Main, von wo aus es in den Irak gehen sollte, gestrichen worden war. Zusammen mit meiner Kollegin konnte ich aber den Flug um 7.15 Uhr nehmen.

Im Frankfurter Flughafen brauchte ich mit meiner Kollegin, die unbedingt noch eine Rauch- und Kaffeepause machen wollte, tatsächlich eine Stunde bis zum Schalter 955, an dem wir uns registrieren sollten. Dort wurden die Sammelvisen fertig gestellt und die Koffer eingecheckt. Dann wurden wir zum Gate D 4 geschickt.

Die Reisegruppe war ein ziemlich ›bunter Haufen‹: in Deutschland lebende Iraker, Geschäftsleute, Aktivisten, Journalisten etc. – alles Mögliche war da vertreten. Ich lernte ein Richterehepaar aus Halle kennen, die Bekannte in Bagdad besuchen wollten. Das waren keine verdächtigen Leute, sondern vielmehr normale neugierige deutsche Bürger, die den Flug benutzten, um menschliche Beziehungen zu pflegen und sich vor Ort kundig zu machen. Auch Kinder flogen mit. Von den etwa 140 Leuten waren bestimmt die Hälfte aus rein privaten Gründen unterwegs.

Alles verzögerte sich. Erst um 12.15 Uhr starteten wir. Im Flugzeug ging es bald zu wie auf dem Bazar. Zeitweise sangen ältere Männer arabische Lieder, was ein wenig störte. Nachdem der bulgarische Kapitän den Eintritt in den irakischen Luftraum gemeldet hatte, wurde geklatscht, einer schwenkte eine große irakische Flagge.

Ich sah durch das Fenster hinab auf die flachen sandbraunen Flächen der Wüste, die zum Teil bewirtschaftet werden. Mit den beiden Geschäftsleuten links und rechts von mir unterhielt ich mich ausführlich. Der jüngere von ihnen erzählte, dass er in seiner Firma zuständig sei für den Nahen Osten und Asien. Er reise die Hälfte des Jahres. Dieser Flug diene der weiteren Kontaktpflege mit den Stadtbetrieben, die ihre Busse warten müssten. Es sollten Verträge zur Lieferung von Ersatzteilen für die Busmotoren abgeschlossen werden. Er könne nicht verstehen, warum alles wegen der UN-Sanktionen so schwierig gemacht werde.

Die Franzosen z. B. scherten sich nicht viel um die Auflagen, während es in Deutschland niemanden aus der Politik gebe, der sich um die wichtigen Wirtschaftsbeziehungen kümmere. Nach dem politischen System sollte man wirklich nicht fragen, denn die gleiche Problematik gebe es bei vielen nichtdemokratischen Ländern der Erde.

Ich wollte etwas über seine Erfahrungen in Bagdad hören. Er sagte, im Straßenbild sehe man nicht viel von den Wirkungen der Sanktionen, man könne auch das Meiste kaufen. Außerhalb von Bagdad gebe es vielleicht wirkliche Armut. Die Hauptstadt werde vom Regime jedoch bewusst hochgehalten. Darüber sei er aufgrund der Schwierigkeiten schon erstaunt.

Man könne sich dort auch völlig frei bewegen. Das Essen und die Gastfreundschaft seien vorbildlich. Insbesondere die Deutschen seien sehr beliebt. Leider gebe es so gut wie kein Nachtleben in der Stadt. Viele verstünden Englisch.

Während ich mir von der hübschen dunkelhaarigen Stewardess ein Getränk servieren ließ – Mira hieß sie übrigens –, horchte ich zwei Männern in der Miniküche zu. Einer von ihnen war ein Araber. Er fragte mich, ob ich auch die Familie besuchen wolle. Er hielt mich – wegen meiner markanten Nase? – wohl für einen Landsmann. »Nein«, erwiderte ich, »Ich bin waschechter Deutscher.« Er war er sehr erstaunt und wollte das nicht glauben.

Der andere war Stefan Dahlinger aus Heidelberg. Er arbeitet hauptamtlich beim Philologenverband, wie er mir erzählte. Ehrenamtlich sei er für eine CDU-nahe Gesellschaft für Europäische Außen- und Sicherheitspolitik (Heidelberg)

e. V. tätig. Wir waren uns von Anfang an sehr sympathisch und unterhielten uns über die Isolations-Doktrin, die hier am Beispiel des Irak in extremer Form in Erscheinung trete. Seit zwei Jahren arbeite er selbst an dem Irak-Projekt, er reise aber das erste Mal in dieses Land. Seiner Meinung nach ist die permanent einseitige Information in der deutschen Presse bzw. der europäischen Öffentlichkeit beklagenswert. Da werde vieles stereotyp wiederholt – auch von Seiten des Auswärtigen Amtes. In Wahrheit habe man kein Konzept zur Überwindung der Irak-Krise.

Gegen 17.30 Uhr Ortszeit näherten wir uns dem Flughafen. Wir setzten auf und rollten auf den gespenstisch leeren Betonbahnen an einem einsamen Tower vorbei. Auf dem Rollfeld stand lediglich ein Großraumflugzeug ohne Nationalitätskennzeichen und ein kleines Flugzeug der Irakischen Airlines. Ein Flugverkehr war nicht feststellbar.

Es dauerte eine Weile, bis wir aussteigen konnten. Beim Verlassen des Flugzeuges auf die Gangway wirkte die Hitze als ob man gegen eine Wand laufe. Der Wind blies kräftig. Unten vor dem Bus tummelten sich die ausgestiegenen Personen. Ein kleines Empfangskomitee stand bereit, angeführt von Dr. A. K. Al-Hashimi, der mir als ehemaliger irakischer Botschafter in Paris und Bonn vorgestellt wurde, jetzt die sogenannte ›Organisation für Freundschaft, Frieden und Solidarität im Irak‹ leitet und für die irakische Regierung arbeitet. Der sympathische kleinwüchsige ältere Mann mit weißem Schnauzbart war einmal außenpolitischer Sprecher der Baath-Partei und gilt als Vertrauter des Außenministers und des Präsidenten.

Ein von der Organisation der deutschen Auslandsiraker mitgebrachtes Transparent wurde entrollt. Das ist ein im Januar 1980 im damaligen West-Berlin gegründeter Verein für in Deutschland lebende Iraker, in dem sich offenbar die treuesten Anhänger des Saddam-Regimes zusammengefunden haben. Auf den Plakaten stand in deutscher und arabischer Sprache so etwas wie: ›*Schluss mit den Sanktionen und der Ausgrenzung des irakischen Volkes und seines Präsidenten.*‹ Da lief es mir eiskalt über den Rücken. Ich versuchte, zu den Plakaten Abstand zu halten, um nicht damit in Verbindung gebracht zu werden.

Nach einer Weile wurden wir in die Flughalle des ›Saddam International Airport‹ gebracht, wo wir über zwei Stunden brauchten, bis alle Formalitäten erfüllt waren und wir endlich ins Hotel fahren konnten. Noch in der Halle spielten sich rührende Familienszenen ab: So kam ein Bremer Arzt mit seiner 18jährigen Tochter, die sehr arabisch aussah, aber kein Wort Arabisch sprach und das Land nicht kannte, hierher, um seine Verwandten zu treffen. Freudentränen flossen. Die Großfamilie mit sieben Kindern zwischen drei und fünfzehn Jahren, die Mädchen alle verschleiert und äußerst schüchtern, wartete schon. Eines der kleinen Mädchen konnte sich von der deutschen jungen Frau gar nicht mehr trennen, so dass diese es ins Hotel mitnahm.

Das Einchecken in dem Hotelklotz ›Al Mansoor‹ dauerte eine Weile, obwohl oder vielleicht gerade deshalb, weil das Hotelpersonal sehr korrekt und ohne Hektik arbeitete. Ich ging auf mein Ein-Zimmer-Apartment Nr. 628. Nachdem ich mich eingenistet hatte und im Bad gewesen war, setzte ich mich auf den Balkon, um die ersten Zeilen in dieses Tagebuch zu schreiben. Es ist jetzt fast 23.00 Uhr und ich schaue wieder auf die einsame Brücke über den Tigris.

Spontan entscheide ich mich, auf eine erste Erkundungstour zu gehen – ohne Begleitung –, um die Stadt gleich von der anderen Seite kennenzulernen. Im Flugzeug hatte mir der schwäbische Sitznachbar von den berühmten Fischlokalen am Tigris erzählt. Neugierig fragte ich den ersten Taxifahrer, den ich anhalten konnte, nach so einem Lokal. Der Mann sprach nur ein paar Wörter Englisch, aber er wusste, was ich wollte. Ich fragte ihn mit allerlei Handzeichen, was das Taxi kostet. Darauf reagierte er verdächtigerweise nicht. Wir fuhren die Hauptstraße dicht am Tigris hoch. Am Ziel angelangt, wollte der Mann 15 US-$ (!) für eine nicht mal zehnminütige Fahrt. Ich schaltete sofort um, nahm meinen Notizblock und strich die gemalte Zahl ›15‹ mit einem Kreuz durch, um daneben eine ›3‹ hinzuschreiben. Das schien ihn zu beeindrucken; er wurde kleinlaut und wollte unbedingt wenigstens fünf Dollar haben, doch wegen seines Betrugsversuchs blieb ich hart und zahlte wirklich nur drei Dollar.

Er sprang aus dem Wagen und marschierte mit mir zum Chef des vor uns liegenden Fischlokals, das ziemlich schmuddelig auf mich wirkte. Bei dem Lokal handelte es sich um eine Art gemauerte Hütte. Rechts hinter dem offenen Eingang befand sich ein Becken, indem sich etwa ein Dutzend ziemlich großbäuchiger Fische tummelten. Der Lokalbesitzer deutete auf einen haifischgroßen Fisch und meinte, der sei richtig für mich. Ich sagte, der sei viel zu groß für eine Person, worauf er einen kleineren aussuchte. Aber auch dieser war für mindestens zwei Personen ausreichend. Er ließ sich auf keine Verhandlung mehr ein, ergriff den Fisch kurzerhand an der Hinterflosse, zog ihn in einem Zug heraus und warf ihn auf den gepflasterten Boden, dass es nur so klatschte. Dann wurde ich – vorbei an der Grillstelle – in den hinteren Garten geführt. Dort waren etwa ein Dutzend Tische aufgestellt, um die herum Männer saßen. Der grobschlächtige Wirt servierte mir ein gekühltes Bier aus der Dose, während der penetrante Taxifahrer neben mir Platz nahm.

Er wollte wissen, wann ich wieder zurück zum Hotel fahren wolle. Ich sagte ihm – übersetzt mit Hilfe des Wirts, der allein Englisch zu sprechen schien –, dass es in etwa eineinhalb Stunden so weit wäre. Dann ging er weg, kam aber nach einer halben Stunde gleich wieder, um mich zu nerven. Mir fiel plötzlich ein, dass ich den Fischbrater gar nicht nach dem Preis gefragt hatte und befürchtete das Schlimmste.

Hinzu kam, dass auch nach einer vollen Stunde noch nichts passiert war, außer dass zwei Teller Salate serviert wurden; in einem lagen leckere eingelegte Nüsse. So hatte ich keine andere Wahl, als dem Treiben um den gigantischen Holzofen herum zuzugucken und auf eine baldige Mahlzeit zu hoffen. Warum nur kam der Fisch nicht? Hatten die mich vergessen? Also mit der Gastfreundschaft schien es nicht so weit her zu sein, dachte ich.

Langsam wurde ich sauer, so dass ich überlegte, ob ich nicht einfach aufstehen und gehen sollte. Dann – nach eineinhalb Stunden – kam endlich der Fisch: Das war eine Portion für zwei Personen – ohne Frage. Ich konnte nicht einmal die Hälfte essen, denn bald überstand mich das fettige Fischfleisch. Bevor ich zahlte, wurde noch Tee serviert. Dann kam die Rechnung: 20 US-Dollar wollte der große Mann haben. Gut, dachte ich, da musst du jetzt durch. Inzwischen zeigte die Uhr 1.30 und ich war ehrlich froh, als ich die Tür meines Hotelzimmers hinter mir schließen konnte.

Samstag, 2. Juni 2001

Heute begann das offizielle Programm der irakischen Regierung. Um neun Uhr sollte sich die ›Delegation‹, immerhin mehr als 100 Leute, bei der Rezeption unseres Hotels einfinden, genauer gesagt vor dem Organisationskomitee auf der Ebene vor dem Hotelrestaurant. Das Komitee bestand aus dem Protokoll des Außenministeriums. Alle Termine und individuellen Wünsche, die man im Flugzeug in eine Liste eintragen konnte, wurden hier koordiniert. Wie ich aus vielen Gesprächen erfuhr, haben einige Leute davon Gebrauch gemacht, vor allem die Wirtschaftsvertreter, sofern sie sich nicht ohnehin frei bewegten. Ein Mann vom Protokoll erzählte mir stolz, dass er schon mal in Deutschland gewesen sei. 1987. Damals habe er die Stadt Weimar in der Deutschen Demokratischen Republik besucht.

Wir wurden in den ersten Stock geführt. Dort befand sich ein großer bestuhlter Konferenzsaal, dessen hintere Wand mit dunkelroten Samtvorhängen geschmückt war. Davor stand in der Mitte ein Podium mit vier Sitzen, links davon – in einigem Abstand zum Podium – ein großes Saddam-Porträt auf einer Staffelei.

Saddam Hussein ist in dieser Stadt allgegenwärtig. Schon bei der Anreise war mir das aufgefallen: Es gibt keine öffentlichen Gebäude, keine öffentlichen Räume, die nicht mit Saddam-Bildern förmlich zugepflastert sind. Saddam als Staatsmann, Saddam als Büroarbeiter, Saddam mit Kindern, Saddam mit Kopftuch, Saddam mit einem Lodenmantel und Hut usw. Die Bildnisse sind zum Teil sehr skurril, manchmal schlicht lächerlich.

Auf dem Podium saßen von links nach rechts: Professor Ulrich Gottstein, Vorstandsmitglied des Vereins ›Internationale Ärzte für die Verhütung des Atomkrieges, Ärzte in sozialer Verantwortung e. V. (IPPNW)‹, Dr. A. K. Al-Hashimi, Präsident der irakischen ›Organisation für Freundschaft, Frieden und Solidarität‹, Aziz Alkazaz, Generalsekretär der Deutsch-Irakischen Gesellschaft e. V. und Gründer bzw. Vorsitzender der Irakischen Initiative für Gerechtigkeit und Völkerverständigung (IGV) e. V. sowie Vizepräsident des Kongresses der Auslandsiraker (al-Mughtaribin), sowie Herr Professor Walter Sommerfeld, Präsident der Deutsch-Irakischen Gesellschaft e. V., letzterer ganz informell ohne Anzug und Krawatte.

Ersterer und letzterer der Genannten hielten nach der Begrüßung durch Herrn Alkazaz kurze Einführungsstatements. Professor Gottstein fühlte sich in seiner Rolle nicht ganz wohl – er zeigte bei den noch folgenden vertraulichen Gesprächen mit den Repräsentanten des Irak offen seine regimekritische Haltung – und verließ deshalb später seinen Platz wieder. Das Hauptreferat wurde von Herrn Hashimi gehalten.

Er stellte zunächst das Programm vor, das mit Besichtigungen eines Kinderkrankenhauses und eines ausgebombten Luftschutzbunkers im Vorort Amyrriyah, einer nationalen Gedenkstätte, fortgeführt werden sollte. Schließlich war für den Vormittag ein Besuch im Kriegsmuseum geplant, ehe nach der Mittagspause um 16.00 Uhr eine Fahrt nach Babylon vorgesehen war. Vorsorglich wurden für den nächsten Tag der Besuch des Gesundheitsministers und des Handelsministers angekündigt.

Al-Hashimi sagte im Zusammenhang mit den Zerstörungen, die im Kriegsmuseum zu sehen seien, dass man mit offenen Augen durch die Stadt gehen solle, um sich ein Bild von dem festen Willen des Volkes zu machen, sich nicht von außen zerstören zu lassen. Die Alltagsrealität zeige, dass es sich beim Irak nicht um ein Unterdrückungssystem (›oppressed system‹) handele, denn die Menschen stünden hinter der Führung und seien bereit, den Kampf für die Zukunft zusammen mit der Regierung fortzuführen. Würden die Leute sich unterdrückt fühlen, so Al-Hashimi, würden sie das Land zerstören oder zerfallen lassen. Dies sei aber nicht der Fall, wie jeder sich vergewissern könne. Niemand solle ernsthaft glauben, dass die irakische Regierung ohne Unterstützung der Bevölkerung gegen die Sanktionspolitik der UN sein könnte.

So leitete er zum eigentlichen Thema über: Bereits der Begriff der sogenannten klugen Sanktionen (›smart sanctions‹) impliziere, dass die Sanktionen vorher dumm (›stupid‹) gewesen sein müssten, was auch stimme.

Auch die vermeintlichen Verbesserungen des neuen Plans würden den Menschen nicht geben können, was sie grundlegend benötigten. Es solle eine Liste von ›Dual-Use‹-Produkten eingeführt werden. Vierundzwanzig Seiten lang solle diese Liste sein. Wenn man davon ausgehe, dass auf jeder Seite fünfzig Produkte stünden, dann komme man auf etwa eintausendzweihundert verbotene Produkte. So könne keine Volkswirtschaft überleben. Das wäre, wie wenn man jemanden sage: *Du kannst alles essen, nur kein Fleisch und kein Brot.*

Zur Zeit lägen bei den Vereinten Nationen in New York Verträge mit einem Gesamtvolumen von über vier Milliarden US-Dollar, über die noch nicht entschieden sei. Darunter befänden sich beispielsweise Aufträge für die Elektrizitätsversorgung, die für die Menschen lebensnotwendig sei.

Es stelle sich die Frage, wer für das Leiden des irakischen Volkes verantwortlich sei. Bestimmt sei dies nicht die irakische Regierung. Bei den UN lägen Verträge über 300 Mio. US-Dollar für die medizinische Versorgung. 248 Verträge – mit einem Volumen von etwa 900 Mio. US-Dollar stünden für die Elektrizitätsversorgung bereit. Hashimi fragte, ob diese Verträge mit einem Exportstempel der deutschen Regierung genehmigt worden wären, wenn sie gegen die UN-Bestimmungen verstoßen hätten? Allein die UNO, d. h. Amerika und Großbritannien seien an der Blockade schuld.

Al-Hashimi wandte sich an das Publikum und meinte, wir alle wüssten doch, dass hierzulande keine Mobiltelefone funktionierten. Auch daran sei allein die UNO schuld. (Mir wurde später gesagt, dass diese Telefone ›hierzulande‹ von Staats wegen verboten seien.)

Die neuen Sanktionen brächten substanzielle Verschlechterungen. So sollten an den Grenzen zum Irak Kontrollpunkte eingesetzt werden. Das sei jedoch sehr teuer und müsse vom irakischen Staat bezahlt werden. Wer solle die Verluste ausgleichen? Die UN? Im Endeffekt bedeute so ein UN-Regime, dass das Geld aus dem Ölgeschäft mit dem Irak für Länder aufgewendet werde, die den Irak strangulieren wollten. Dem könne man vernünftigerweise nicht zustimmen.

Insgesamt stelle er fest, dass die Sanktionen verschärft werden sollten. Doch das Land habe alle Auflagen erfüllt, die letzte UN-Resolution, Nr. 1284, ebenso wie alle siebenundfünfzig vorher gegen den Irak erlassenen. Es gebe nichts mehr, was noch umzusetzen sei. Weitere Resolutionen würden bedeuten, dass der gesamte Irak in ein UN-Protektorat umgewandelt wird. Dies sei der Grund, warum der Irak niemals diesen Sanktionen zustimmen könne.

Dann ging der Referent auf die Flugverbotszonen ein: In diesen Zonen gebe es keine Kontrolle der Zentralregierung. Man müsse allerdings fragen, um was für eine Art von UN-Protektorat es sich in den kurdischen Gebieten im Norden handele, wenn türkische Jets PKK-Stellungen bombardierten.

Auch die politischen Beziehungen zu Deutschland wurden angesprochen: In der Geschichte habe es zwischen diesen beiden Ländern niemals einen Krieg gegeben, ebenso wenig eine politische Einmischung, dagegen jedoch immer gemeinsame Interessen: Wirtschaft, Energie, Öl. Das Jahr 1991 liege hinter uns. Allein die Zukunft sei wichtig. Der Irak sei bereit, eine neue Seite der Beziehungen aufzuschlagen.

Die USA seien hinter dem Öl her, das es in den Golfstaaten und im Irak gebe. Auch für Deutschland werde das Öl immer wichtiger, vor allem weil dort die Atomkraftwerke eines Tages abgeschaltet werden sollen. Der Irak wiederum wolle das Öl verkaufen. Das sei die Geschichte des Irak (›story of Iraq‹). Das Schlimmste sei doch vorüber. Man wolle nur den Irak verteidigen. Das sei zwar schwer, viele Opfer müssten gebracht werden, doch niemand werde sie davon abhalten können.

Damit endete Hashimi sein leidenschaftliches Plädoyer für eine neue Zusammenarbeit und erklärte sich bereit, Fragen zu beantworten. Eine zielte darauf ab, warum die deutsche Währung hierzulande nicht akzeptiert werde, wenn man sich doch verbesserte Beziehungen wünsche. Hashimi sagte, letztes Jahr habe man entschieden, alle Umrechnungen in EURO vorzunehmen und somit diese Währung indirekt zu stärken. Die irakische Regierung ermuntere auch die anderen Golfstaaten, in EURO zu rechnen. Dadurch werde langfristig der Kurs des EURO gestärkt.

Alkazaz fügte hinzu, dies sei eine grundlegende neue Position in dieser Region, die dem EURO viel nützen wird.

Jamal Karsli, Mitglied der Fraktion der Grünen im nordrhein-westfälischen Landtag in Düsseldorf, fragte, was der Irak zur Aussöhnung mit Kuwait unternehme, welche Anstrengungen da gemacht würden, damit auch die Position innerhalb der Arabischen Liga verbessert werde.

Al-Hashimi antwortete, dass die Aussöhnung mit den Ländern der Region voll im Gange sei. So hätten sich Ägypten, Libyen und Syrien sogar dazu entschlossen, mit dem Irak ein Abkommen über den Freihandel zu schließen. Wie sei die Situation mit Kuwait? Der Irak sei bereit, für die guten Beziehungen eine neue Seite aufzuschlagen. Aber sie, die Kuwaitis, würden sich weigern. Warum? Es gebe eine einfache Antwort: Wenn Kuwait und Saudi-Arabien mit dem Irak ausgesöhnt seien, wo führe das hin? Der Irak würde für diese Länder nicht länger als Bedrohung betrachtet und die USA müssten gehen und aufhören, Waffen an diese Länder zu verkaufen.

In Kuwait gehöre es zum Allgemeingut, dass die USA dieses Land fallen ließe, wenn es nicht mehr die wichtige Rolle spielte, die es jetzt innehabe. Das sei bei allen anderen Krisenländern der Welt ähnlich gewesen.

Man könne fragen, wer für den Krieg verantwortlich gewesen sei. Aber unabhängig davon, wie intensiv man über diese Frage diskutiere, sei das einzig Weise, was man jetzt tun könne, an die Zukunft zu denken. Die Kriegsschuldfrage sollte kein Hindernis mehr sein.

Die nächste Frage befasste sich mit der irakischen Haltung zu den UN-Inspektionen. Al-Hashimi erwiderte, dass die UNSCOM-Teams, bei denen auch US-Amerikaner beteiligt waren, ganz klar direkte Anweisungen von den USA bekommen hätten. Es gebe viele Indizien, die belegten, dass es sich hierbei um Spionage-Gruppen gehandelt habe. Der Irak wüsste beispielsweise von dreißig Besuchen in Israel und von den heimlichen Wüstenmärschen, damit US-Flugzeuge kontaktiert werden konnten.

Eine Teilnehmerin aus dem Podium wollte wissen, wie die von Asylbewerbern aus den kurdischen Gebieten vorgelegten Papiere zu bewerten seien. Die deutschen Gerichte hätten immer ihre Schwierigkeiten mit der Feststellung der Authentizität solcher Dokumente.

Al-Hashimi sagte, diese Gebiete lägen nicht innerhalb der vollen Kontrolle der Zentralregierung. Das sei Sache der UN. Es sei klar, dass es sich bei diesen Flüchtlingen nicht um politisch Verfolgte handele, sondern um Wirtschaftsflüchtlinge und Menschen, die von eigenen Gruppen verfolgt werden. Nach dem Grenzübertritt würden sie ihre Pässe wegwerfen und sagen: *Ich bin ein politisch Verfolgter.* In den Kurdengebieten sei die Situation wegen der Präsenz der Amerikaner und Briten als nicht normal anzusehen. Die Kurden hätten ihr eigenes Parlament, ihre eigenen Zeitungen, lokalen Behörden, Wahlen etc. Doch die kurdische Bevölkerung im Irak sei gespalten. Es gebe auch welche, die für die irakische Regierung seien. Zum Beispiel sei der Vizepräsident des irakischen Parlaments per Gesetz immer ein Kurde. Von zweihundertfünfzig Sitzen im Parlament seien dreißig für Kurden reserviert.

Dann erhielt ein angeblich in Deutschland lebender irakischer Kurde das Wort, der darauf hinwies, dass es in Deutschland eine gewisse Propaganda gebe, die darauf abziele, den irakischen Staat für das Leiden der Kurden alleine verantwortlich zu machen. Neunzig Prozent der Presse sei ja in der Hand von Axel Springer, deshalb denke auch jeder kleine Beamte in Deutschland so wie es diese Meinungsmacher vermittelten. Es sei klar, dass viele Dokumente in der

Türkei gefälscht würden, damit die Leute als verfolgte irakische Kurden in Deutschland Asyl beantragen könnten. Dabei sei doch klar, warum die Leute abhauten: *Die wollen sich einen alten Mercedes kaufen und ein Häuschen haben.* Das sei der Traum der Leute, die unter US-amerikanischer Aufsicht leben.

Nach dieser Diskussion forderte Alkazaz alle Delegationsteilnehmer auf, mit den Leuten auf der Straße Kontakt aufzunehmen und mit ihnen zu sprechen.

Nach dem Ende der Podiumsveranstaltung fuhren wir in zwei Bussen zu einem Kinderkrankenhaus. Vor den Toren des großen Gebäudes, das 1986 errichtet worden war, gingen viele verschleierte Frauen mit ihren Kleinen ein und aus. Auch in dem Gebäude des Dreihundertdreißig-Betten-Krankenhauses wimmelte es von Leuten, die ihre Familien trafen oder vor irgendwelchen Türen warteten, bis sie an die Reihe kamen. In den Zimmern der Ärzte und Krankenschwestern entdeckte ich nicht viel Medizinisches.

Im Vortragsraum versuchte ein Arzt die Situation zu erklären. Das Öl-für-Nahrung-Programm der UN decke höchstens vierzig Prozent des Bedarfs ab. Auf eine Rückfrage sagte der unmotiviert wirkende junge Mann, dass es nicht möglich sei, Medikamente auf dem freien Markt zu kaufen. Jemand bohrte nach und fragte, warum die Regierung nicht mehr Geld aus dem Öl-für-Nahrung-Programm für Medikamente bereitstelle. Der Angestellte antwortete mit der Gegenfrage, woher man das Geld nehmen solle. Das Ministerium für Gesundheit könne Auskunft erteilen. Ich beobachtete den Referenten. Dabei fiel mir auf, wie lustlos dieser Arzt über den desolaten Zustand seines Hauses sprach. Er war der lebendige Beweis dafür, dass der Mensch ein träges und anpassungsfähiges Wesen ist, der eine Diktatur nicht einfach so abstreift.

Beim Gang durch die trostlosen Flure dieses Krankenhauses sammelte ich meine ersten Gedanken über das irakische Dilemma: Nur wenige, glaube ich, haben hierzulande den Willen, den Mut und die Kraft, sich offen gegen die Zustände aufzulehnen. Man richtet sich in der Not ein. Um eine wirkliche Veränderung des ›Systems‹ herbeizuführen, braucht es das politische Engagement gerade solcher Leute wie dieses Arztes. Ohne eine Stärkung und Ausweitung des Mittelstandes der Gesellschaft kann ein solches Engagement aber nicht auf eine tragfähige Grundlage gestellt werden. Deshalb muss die Außenwelt auch mit diesem Land, das wirklich von einem verrückten Tyrannen beherrscht wird, in einen Handel treten. Nur, indem man ins Geschäft mit den Leuten kommt und mit ihnen redet, kann man einen Anreiz für Veränderungen schaffen.

Noch in meinen Gedanken versunken begleitete ich die Gruppe in eines der Zimmer, in dem man uns zwei, drei kleine Patienten zeigen wollte. Die Kinder wurden von ihren Müttern betreut, die den ganzen Tag mit im Bett saßen und scheinbar eine ewige Geduld hatten. Es geht alles sehr langsam hier. Einer geregelten Arbeit scheinen diese Frauen ohnehin nicht nach zu gehen. So betreut man die Kinder den ganzen Tag. Es sind traurige Bilder, aber alle scheinen sich in dieser Lethargie eingerichtet zu haben.

Nach dem Krankenhausbesuch wurden wir zu der ›nationalen Gedenkstätte‹ des Amyrriyah-Bunkers gefahren. Das ist von außen ein unscheinbarer Betonklotz, der nicht aussieht wie ein oberirdischer Bunker, sondern eher wie ein normales Gebäude. Im Innern wurden wir von einer Denkmalbeauftragten geführt, die vor einem Einschlagloch in der dicken Betondecke erklärte, wie das alles hier ablief.

Ich bewegte mich etwas abseits in diesen breiten Gängen und betrachtete die vielen Fotografien und Blumengestecke, die hier wie bei einem Mahnmal aufgestellt bzw. aufgehängt waren: zum Beispiel Passbilder von kleinen Kindern. Dann sah man die Schreckensbilder der Bombennacht. Derweil erklärte die Frau, dass aufgrund des hohen Druckes und der hohen Temperaturen Kinder an die Decke geschleudert worden seien; sie zeigte auf angeblich verkohlte Kinderhände, die im Beton eingebrannt seien. Einmal wurde auf einen schwarzen Schatten an der Wand hingewiesen, der den Umriss einer verschleierten Frau zeigen sollte.

Ich fühlte mich sehr unwohl, während Viele in eine Art kollektives Mitleid und eine kollektive Abwehrhaltung gegen die Bomben werfenden, ›bösen‹ Amerikaner einstimmten. Das war wohl die Absicht des Regimes, zumindest ein entscheidender Nebeneffekt, warum sie uns hierher gebracht hatten: um von den eigentlich Verantwortlichkeiten abzulenken. Ich dachte, wenn es um Schuldfragen geht, müsse man mal an die Zerstörung Dresdens im II. Weltkrieg denken. Die USA und ihre Alliierten hatten den Konflikt am Golf nicht begonnen, deshalb empfand ich den Besuch dieser Gedenkstätte als zynisch. Es war der alte aber immer wirksame Trick, den Amerikanern vorzuwerfen, sie töteten absichtlich kleine Kinder.

Nach dem Bunkerbesuch brachte man uns mit den Bussen zurück zum Hotel. Das Mittagsbuffet war bereits eröffnet. Wir konnten uns dann bis 16.00 Uhr ausruhen, ehe wir nach Babylon gefahren wurden, der historischen Stätte südlich von Bagdad. An der Hauptstraße entlang, kamen wir durch viele Ortschaften. Ich schaute aus dem Fenster, um das Treiben in den Straßen zu beobachten. Es ist ein armseliges Leben hier auf dem Land. Seit Jahrzehnten kommen keine Touristen mehr.

Die Anlage von Babylon wurde in den 80er Jahren gründlich saniert, zum größten Teil nach historischen Plänen ›wieder errichtet‹. Es war sehr heiß, aber der Blick zwischen die Königstore, in die mit gelben Backsteinen gebaute Anlage, ist einzigartig. Der Führer bemühte sich leidlich, alle Details zu erklären. Hinter der Anlage befindet sich ein ziemlich großer neuer Palast von Saddam Hussein. Es war verboten, ihn zu fotografieren. Obwohl es mich sehr neugierig machte, hielt ich mich an das Verbot, um keine Schwierigkeiten zu bekommen. Gegen 20.30 Uhr kamen wir nach Bagdad zurück. Es sollte noch ein Vortrag stattfinden. Das erwies sich allerdings als Falschmeldung. Die Leute zogen dann hinaus in die Stadt, um etwas zu erleben am zweiten Abend. Ich zog es vor, im Hotel zu bleiben und mich auszuruhen, ging dann aber doch noch hinaus und ließ mich mit dem Taxi die Hauptstraße entlang fahren. Ich kam an der eingemauerten und mit Stacheldraht versehenen deutschen Botschaft vorbei. Es gab aber auch schönere Ecken in Downtown.

Ich erhoffte mir von dem Taxifahrer einige Antworten auf meine vielen Fragen, aber er wollte nicht über das ›Regime‹ sprechen. Seine Klage über die desolate Arbeitssituation hierzulande überraschte mich indessen nicht. Aber kein Wort zu Saddam Hussein. Nichts Positives und nicht Negatives. Es gibt hier wirklich keine Opposition, das macht sich auch bei den Medien bemerkbar. Der Informationsgrad der Bevölkerung über das, was in der Welt so abläuft, geht gegen Null. Handy, Internet – alles verboten. Dieses Land ist vom Rest der Welt abgeschnitten. Die Sanktionen kommen hinzu. Sie erschweren den Austausch mit den reisenden Ausländern.

Sonntag, 3. Juni 2001

Von Jamal Karsli, dem Abgeordneten der Grünen aus Nordrhein-Westfalen, erfuhr ich bereits gestern, dass eine ausgewählte kleine Gruppe der Delegation das Parlament besuchen könne. Als ich heute Morgen zum Sammelpunkt kam, von wo aus die übrigen Delegationsteilnehmer zum Kriegsmuseum gebracht werden sollten, sprach mich Alkazaz an, um mir mitzuteilen, dass ich an diesem Treffen im Parlament teilnehmen könne.

In dicken Mercedes-Limousinen wurden wir zum Parlament gefahren. Ohne jegliche Sicherheitskontrollen betraten wir das große Gebäude. Nach mehreren verschlungenen Gängen erreichten wir das repräsentative Büro des Parlamentspräsidenten Dr. Saadun Hammadi. Hammadi ist ein 1930 in Karbala geborener schiitischer Araber, der Wirtschafts- und Agrarwissenschaften studierte und früher mehrmals Minister für Erdöl, Landwirtschaft, Äußeres sowie Ministerpräsident war.

Der weise wirkende, kleine Mann begann mit getragener Stimme über die deutsch-irakischen Beziehungen zu sprechen, nachdem alle in den vornehmen Sesseln Platz genommen hatten. Im Prinzip sei der Irak bereit, alles zu machen, nur um diese ehemals sehr guten Beziehungen wieder in Gang zu bringen. Sie seien ein offenes Volk. Der Krieg gegen Kuwait sei nun lange vorbei, die UN-Resolutionen seien alle erfüllt. Der Irak sei ein kleines Land, man könne sich nicht so leicht wehren gegen die mächtigen Vereinigten Staaten von Amerika.

Es folgten Statements, nachdem Alkazaz alle Diskussionsteilnehmer vorgestellt hatte. Zunächst äußerte sich Stefan Dahlinger aus Heidelberg, der sich anschließend beklagte, dass er die Diskussion eröffnen sollte. Nach meinem Eindruck waren alle Besucher ein wenig aufgeregt, weil eine etwas zu offizielle Atmosphäre herrschte. Das führte zu gewundenen und mitunter langen Ausführungen. Vor allem Professor Ulrich Gottstein holte weit aus.

Anschließend ging es zum Büro des Stellvertretenden Parlamentspräsidenten Ajil Jalal Ismail, einem 1948 in Arbil geborenen Kurden, der Rechts- und Politikwissenschaften studiert hatte und vor dem Golfkrieg Landesminister im kurdischen Autonomiegebiet gewesen war. Ismail stellte uns die weiteren Teilnehmer an der sorgsam geplanten Runde vor: Zunächst Halgurd Abd al-Karim Abd al-Qadir al-Barasanji, Kurde, Mitglied des Ausschusses für Erdöl, Energie, Industrie und Bergbau, sowie Shaikh Ibrahim Darbas Huwaish al-Kulli, ebenfalls Kurde, Mitglied des Ausschusses für religiöse Stiftungen und religiöse Angelegenheiten sowie Gesundheit und Soziales, und schließlich ein gewisser Assurani, Vorsitzender des Erdölausschusses im Parlament.

Der Parlamentsvizepräsident begann mit einem Vortrag über die Kurdenfrage im Irak; Alkazaz übersetzte in hervorragender Weise: Im Irak gebe es zwei grundlegende Nationalitäten, die irakische und die kurdische. Die Brüderlichkeit dieser zwei Nationalitäten sei in der Verfassung tief verankert. Zunächst müsse man wissen, dass der Irak ein bürgerlicher Staat sei, der auf dem Gleichberechtigungsprinzip beruhe. Das heiße im Konkreten, dass zum Beispiel bei den Angestellten des Öffentlichen Dienstes die Nationalität keine Rolle spiele. Sodann ging er auf die Lage der Kurden im Irak vor 1990 ein. Insgesamt gebe es etwa fünfundzwanzig Millionen Kurden, die in der Türkei, im Irak, im Iran und in Syrien lebten. In einem Abkommen von 1916 sei dieses Volk gespalten worden zum Zwecke der Hegemonialstellung bestimmter Großmächte von damals: Der Großteil sei in der Türkei verblieben, der Rest im Iran, sowie in Syrien und im Irak. Im Sèvres-Vertrag von 1920 hätten die damaligen Siegermächte des Ersten Weltkrieges das Versprechen gegeben, einen eigenen Kurdenstaat zuzulassen. Die Briten hätten die Kurden, nachdem sie sie zum Teil unterstützten, später aus der Luft bombardiert. Es sei damals bereits um die Ölfrage gegangen. Im Jahre 1958, als man den 1948 nach Moskau geflohenen Mustafa Balsani wieder zurückgeholt hatte, hätte die neue Revolutionsregierung die Ölindustrie nationalisieren wollen. Dies hätten die Hegemonialmächte zum

Anlass genommen, die Kurden wieder anzustacheln, um der Zentralregierung zu schaden. So sei auch der Mythos entstanden, dass es sich bei den Kurden um ein Volk mit der Flinte in der Hand handelt.

Saddam Hussein habe die Autonomie des Kurdengebietes gefördert. Bereits in dem entsprechenden Manifest von 1970 sollte die Kurdenfrage demokratisch, friedlich und gesetzlich geregelt werden. Die Gegner dieser Lösung hätten dies jedoch als gefährlich betrachtet und versucht, die vierjährige Übergangslösung des Vertrages zu verlängern. Aber die politische Führung des Landes habe auf der Durchsetzung der Autonomie insistiert, so dass im Norden des Landes eigenständige Institutionen entstanden seien. Es gebe ein fünfzigköpfiges eigenes Parlament, eine Exekutive mit fünf Generalsekretären im Range von Ministern. Darüber hinaus gebe es eine kurdische Regierung, die alle staatlichen Dienstleistungen zu erbringen habe, einschließlich einer Entwicklungsplanung. All diese Dienstleistungen seien im Interesse ihres Präsidenten (Saddam Hussein) gewesen, ob es sich um die Infrastruktur oder um die Verbesserungen beim allgemeinen Lebensstandard handele. Nach dem Beginn des zweiten Golfkrieges jedoch hätten die Feinde des Iraks entdeckt, dass man die Kurdenfrage gegen die Zentralregierung instrumentalisieren könne. So hätten die Kräfte Auftrieb gewonnen, die eine gute Entwicklung in dem Autonomiegebiet nicht haben wollten. Viele Kurden seien geflüchtet. Die irakische Regierung aber sage, dass jeder zurückkommen könne. Es gebe eine Amnestie.

Bereits im Jahr 1991 habe man einen Dialog mit den kurdischen Parteien angefangen. Sogar mit dem Führer der Demokratischen Partei Kurdistans, Massud Barsani, habe man einen Vertrag für eine erweiterte Autonomie ausgearbeitet Die USA hätten daraufhin jedoch einen Vertreter geschickt, der ihnen verboten habe, dieses Dokument zu unterzeichnen (Diese Argumentation kam mir bekannt vor: Das Jugoslawische Justizministerium unter dem ehemaligen Präsidenten Slobodan Milosevic brüstete sich noch im vergangenen Jahr wegen eines Schutzabkommens zwischen dem Albaner-Führer Ibrahim Rugova und dem jugoslawischen Regime.)

Dies habe 1996 zu einem erbitterten Kampf zwischen innerkurdischen Gruppen geführt, der etwa 3000 Opfer gekostet hätte. Diese Tragödie – und das innerhalb einer UN-Schutzzone – habe dazu geführt, dass die Intelligenz ausgewandert sei und die Region entleert worden sei. Als Kurden bzw. als Vertreter der Kurden stünden sie hundertprozentig hinter dem Präsidenten Saddam Hussein. Sie seien stolz, in erster Linie Iraker und in zweiter Linie Kurden zu sein, wobei an den Autonomiegesetzen natürlich festzuhalten sei. Die Lage der Kurden sei im Übrigen ungleich besser als in den Nachbarländern. Es gebe absolut keine Alternative für die Abtrünnigen, als in den Schoß der Heimat ihres Landes zurück zu kehren. Ebenso wenig gebe es eine Alternative zum Führer Saddam Hussein.

Die anschließende Diskussion wurde von Professor Ulrich Gottstein eröffnet, der die mutige Frage stellte, ob das kurdische Volk dem Präsidenten vergeben hätte, dass dieser 1988 über hunderttausend von ihnen mit Giftgas habe töten lassen.

Der Vizepräsident sagte mit lächelnder Miene, dass weder die irakischen Streitkräfte noch der Präsident bei diesem Vorfall Schuld auf sich geladen hätten. Es habe sich damals um eine Schlacht gehandelt. Die Iraner hätten Giftgas eingesetzt und damit kurdische und irakische Soldaten getötet. In den Jahren von 1980 bis 1990 seien im Norden des Irak von Seiten des Iraks nie solche Waffen eingesetzt worden. Auch wenn man an die Vorfälle von 1996 denke, sei es doch so, dass die irakische Armee als Befreier angesehen worden sei.

Gottstein insistierte auf seiner Frage und bemerkte, dass es ganz eindeutige Beweise gebe, dass die deutsche Industrie die Giftgasproduktion des Irak überhaupt erst möglich gemacht habe. Der Vizepräsident erwiderte lakonisch, Presseberichte seien nicht immer Gegenstand der Wahrheit.

Karsli wollte in naiver Weise wissen, ob man hierzulande mit unabhängigen Leuten von Menschenrechtsorganisatoren sprechen könne. Man dürfe sich zuhause nicht vorwerfen lassen, nur mit Propagandamaterial für Saddam Hussein zurück zu kommen. Die wenig überraschende Antwort war: Selbstverständlich. Der Vizepräsident wies darauf hin, dass im Irak etwa 2,5 Millionen Kurden lebten, ein Drittel davon in der Mitte des Landes und im Süden. Diese lebten dort wie ganz normale Bürger. Viele Kurden würden nach Dokumenten der Zentralregierung fragen, weil sie an eine Zukunft der Regierung im Norden nicht glaubten. Das müsse aussagekräftig genug sein.

Jemand stellte die ebenso naive Frage nach der Pressefreiheit für die Kurden. Der Vizepräsident antwortete, dass es für Kurden spezielle TV-Programme gebe, sowie zwei ›unabhängige Tageszeitungen‹.

Ich meldete mich mit einem Statement zu Wort: Ich bemerkte, dass es nicht nur im Irak Minderheitsnationalitäten gebe. Ein anderes prominentes Beispiel sei Serbien und der Kosovo. Die Lösung solcher Konflikte sei aufgrund der Geschichte stets sehr schwer, ja beinahe unmöglich, aber es gebe überhaupt nur zwei Schlüssel: Der erste sei die Aussöhnung. Ob dies gelinge, stehe in den Sternen, da es immer eine große Mehrheit innerhalb der Minderheiten geben werde, die schlicht die Unabhängigkeit ihres Gebietes wolle und deshalb an so etwas nicht interessiert sei. Der zweite hingegen sei machbar: Die Verbesserung der Beziehungen zwischen dem Gesamtstaat und den Vereinten Nationen. Es sei ein Faktum, dass außerhalb der UN jede Lösung automatisch zum Scheitern verurteilt sei.

Der Vizepräsident wandte dagegen ein, dass die Einbeziehung der UN die Sache nur noch komplizierter mache. Man habe die Erfahrung der Instrumentalisierung gemacht. Die UN könnten nicht sicherstellen, dass es da gerecht zugehe. Die Sache könne man nur wie bei einem Familienstreit lösen: Wenn der Vater mit dem Sohn Probleme hat, dann müssten die beiden das lösen, da könne man Niemanden von außen gebrauchen.

Jemand stellte die Frage, warum es dieses Auswanderungsphänomen gebe. Der Vizepräsident antwortete, früher sei man nur zum Studieren ins Ausland gegangen. Jetzt würden die Leute gehen, weil sie sich nur im westlichen Ausland ein besseres Leben vorstellen könnten. Trotzdem würden die Leute Asyl bekommen, was er überhaupt nicht verstehe. Er könne sich das nur als rein politische Angelegenheit erklären, um sein Land in schlechtem Licht erscheinen zu lassen.

Stefan Dahlinger stellte die Vision eines eigenständigen kurdischen Staates auf der Grundlage des Abkommens von 1922 zur Diskussion. Wie würden die Kurden das einschätzen und wie würde die irakische Regierung das einschätzen? Die Antwort des Vizepräsidenten war kurz und prägnant. Mit Spekulationen wolle er sich nicht beschäftigen. Einen solchen Staat werde es nie geben.

Im Laufe der fortgeschrittenen Diskussion meldete sich der Vorsitzende des Ölausschusses Assurani zu Wort: Der Weltzionismus habe viel Einfluss auf die Massenmedien. Dort würden Lügen, Lügen und noch mal Lügen verbreitet, solange bis es geglaubt werde. Dabei stimme, was auch andere Abgeordnete sagten: die Kurden in der Türkei dürften sich nicht einmal Kurden nennen! Dass die Türkei dafür nicht ansatzweise wegen der Kurden-Politik so kritisiert werde wie der Irak, sei ein klarer Widerspruch in der westlichen Politik.

Al-Barasanji merkte an, dass man immer über angebliche Giftgasvorfälle im Krieg diskutiere, während niemand am heutigen Schicksal des Irak interessiert sei. Seit über zehn Jahren müsse sein Land unter den Sanktionen leiden. Und trotzdem sei das kein Thema. In der Türkei würden die Rechte der Kurden mit Füßen getreten. Er könne lange Klagelieder in Bezug auf diese einseitige alte Geschichte singen. Es sei doch klar, dass es bei der Implementierung von UN-Resolutionen immer zweierlei Maß gegeben habe.

Dazu Karsli: *Was haben Politiker mit den Fliegen gemeinsam? Beide kann man mit einer Zeitung umbringen!* Abschließend wurden Fotos gemacht. Ich fragte Assurani, ob er mir seine Visitenkarte geben könne. Er gab mir ein grünes Papier mit arabischer Schrift. Ich war an seinem Ölausschuss interessiert. In der kurzen Unterhaltung vernahm ich folgenden seltsamen Satz, ein wenig aus dem

Zusammenhang gerissen: *Morgen früh um acht Uhr wird der Hahn zugedreht.* Ich dachte, mit so einfachen Schemata machen die hier Politik.

Nach dem Aufenthalt im Parlament nahm Karsli mich zu Seite und fragte, ob ich mit ihm zur Vorsitzenden der sogenannten Frauenunion fahren möchte. Er müsse sich dort sehen lassen, da bei den GRÜNEN sehr viel Wert auf die Einbeziehung der Frauen gelegt werde (!?). Der Versuch einer Political-Correctness-Aktion, dachte ich. Aber gut, ich könnte ja mitkommen, warum nicht. Als wir das Zimmer des Vereins betraten, der angeblich über eine Million Mitglieder hat, musste ich schmunzeln: Ich hatte bislang noch keinen Raum im Irak gesehen, der so extrem mit Saddam-Bildern förmlich austapeziert war: Saddam in einer Gruppe, Hände schüttelnd, lächelnd, zusammen mit der Vorsitzenden etc. Die Frau muss krank sein, dachte ich mir; die Krankheit heißt: Personenkultfieber. Unglaublich, schrecklich!

Dieser Besuch lehrte mich, dass die Verfassung des Irak einmal von der Deutschen Demokratischen Republik (DDR) eins zu eins übernommen worden war. Deshalb gab es diese sogenannten gesellschaftlichen Massenorganisationen, in denen man gewissermaßen Zwangsmitglied war. Die alt und verstaubt wirkende Vorsitzende war ungemein mitteilungsbedürftig. Man konnte ihren Redefluss kaum unterbrechen, sie hatte wohl schon lange nicht mehr mit ausländischen Gästen gesprochen. Ich notierte mir die Information, dass es früher einmal dreiunddreißig Frauen im zweihundertfünfzig-köpfigen Parlament gegeben habe und es jetzt nur noch zwanzig seien.

Bereits gestern bat ich Al-Hashimi nach seinem Vortrag um ein Vier- oder Sechs-Augen-Gespräch. Er sicherte zu, einen Termin heute oder morgen zu finden und sich dann über das Protokoll zu melden. Ich gab ihm meine Karte und wir verblieben so, dass er sich abends melden wollte.

Leider bekam ich keine Nachricht, weshalb ich befürchtete, dass der Termin platzen würde. War es Misstrauen? Also sprach ich den Mann vom Protokoll beim Frauenunion-Besuch nochmal darauf an. Er telefonierte und sagte, um 17.00 Uhr könne ich Al-Hashimi im Hotel sprechen.

Von der Idee hatte ich auch Karsli informiert, ebenso wie meine Fachausschuss-Kollegin. Ich dachte, es sei vielleicht nicht schlecht, ein paar mehr einzubinden. Wir bereiteten deshalb im Teeraum des Hotels einige Fragen vor, ehe wir zu einem Bazar gefahren wurden, um noch Souvenirs einzukaufen. Leider kamen wir etwas spät weg, so dass wir erst gegen 17.10 Uhr im Hotel eintrafen.

Al-Hashimi stand beim Protokoll-Tisch. Ich entschuldigte mich für die Unpünktlichkeit. Da um 18.00 Uhr das offizielle Programm mit Vorträgen des Gesundheits- bzw. des Handelsministers weitergehen sollte, blieb nicht viel Zeit. Al-Hashimi ging mit uns in ein unbewohntes Hotelzimmer.

Meine Kollegin fragte ihn zunächst ganz allgemein, wie er sich nun die Zukunft der deutsch-irakischen Beziehungen vorstelle. Al-Hashimi sagte, dass der Irak nicht glücklich sei mit den Beziehungen zu Deutschland. Es gebe einfach keinen Grund für eine derartige negative Einstellung gegenüber seinem Land. Aus irakischer Sicht werde es keine Hindernisse geben, um das wieder zu verbessern. Sie seien bereit, das gemeinsam zu entwickeln. Bei einer Veranstaltung in Heidelberg habe er festgestellt, dass sich das Publikum im Anschluss an den direkten Kontakt zu ihm sehr gewundert habe, warum in Deutschland das Irak-Bild durchweg zu negativ gemalt werde. Er erinnerte daran, dass Deutschland immer billiges Öl brauchen werde. Obwohl der Irak mit der Umstellung vom Dollar zum Euro den guten Willen zur Verbesserung zeige, sei es bei dem kalten Verhältnis geblieben. Er wisse, dass die Deutschen glücklich seien über die irakische Entscheidung, nur: sie hätten ihr Glück nicht gezeigt. Die irakische Haltung könne jedenfalls dem Euro helfen.

Wir fragten, wie sich die Beziehungen zu anderen EU-Ländern entwickelten. Er sagte spontan, dass das Verhältnis zu den Italienern sehr viel besser sei. Ebenfalls dasjenige zu Spanien und Frankreich. Bei Frankreich hege man die größten Hoffnungen. Es habe schon große Geschäftsdelegationen gegeben. Das Problem sei, dass die EU nicht mit einer Stimme spreche.

Ich wollte weiter wissen, wie das Verhältnis zu Russland sei. Dieses Verhältnis, so Al-Hashimi, habe sich sehr verbessert seit Putin. Ebenso gebe es gute Verbindungen zu asiatischen Ländern. Mit den arabischen Ländern wolle man Freihandelszonen gründen.

Al-Hashimi betonte noch einmal, dass der Irak niemals in der Geschichte eine Last für Deutschland gewesen sei. Es sei früher einmal ein reiches Land gewesen und ein guter Handelspartner. Der deutsche Anteil am Außenhandel sei sehr groß gewesen. Die Leute hier würden den Deutschen trauen. Sie seien verlässlich. Jedermann wisse, dass die Deutschen ihre eigenen Unterschriften respektieren.

Ende Juni 2001 (zwischen dem 27. und 30. Juni) käme er wahrscheinlich wieder nach Deutschland. Er würde sich freuen, wenn ich ein informelles Gespräch mit Vertretern der SPD organisieren könnte, vielleicht ein Abendessen oder so etwas. Ich sicherte ihm meine Unterstützung zu, bat jedoch um den genauen Zeitpunkt, um etwas planen zu können. Darüber hinaus stellte ich klar, dass ich keinerlei Zusagen machen könne. Er wisse, dass ich privat hier sei und keinen offiziellen Auftrag hätte. Was ich ihm nicht sagte, war meine persönliche Überzeugung, dass so ein Treffen äußerst unwahrscheinlich sei. Die Zeiten der ›Kanäle‹ in der Außenpolitik waren in Deutschland wohl vorbei. Im Willy-Brandt-Haus saßen keine weltmännischen Strategen mehr, sondern karrieregeleitete Technokraten, die Auftragsarbeit für Innenpolitiker erledigen. Ich konnte im Willy-Brandt-Haus nicht mal interessierte Spezialisten ausmachen.

Wir sprachen über das politische System unter Saddam Hussein. Al-Hashimi sagte, im Westen gebe es bekanntlich stets eine Regierungspartei oder -koalition und eine Opposition. Mal sei das eine Sache zwischen zwei Parteien, manchmal vier, manchmal auch noch mehr Parteien. Jeder im Irak würde diese einzelnen Systeme respektieren. Im Irak gebe es allerdings ein Problem, das es im Westen nicht gebe, das irakische System werde schlicht nicht respektiert. Dabei sei es durchaus nicht üblich, dass man sich in arabischen Ländern in die inneren Angelegenheiten einmische. In Ägypten mische sich der Westen beispielsweise in keiner Weise ein, obwohl es auch mit dem westlichen System nicht viel gemein habe. *Darüber bin ich nicht glücklich,* ergänzte er.

Er wolle auch darauf hin weisen, dass die Zahl der Parteien noch nichts über den Grad der Demokratie aussag. Wie viele Parteien gebe es denn in Jordanien? Zweiunddreißig, beantwortete er die rhetorische Frage selbst. Wie viele Parteien gebe es in Bulgarien? einhundertvierundfünfzig, ergänzte er. Im Irak gebe es nun einmal die Baath-Partei und zwei kurdische Parteien. Was man immer vergesse, sei die Tatsache, dass es seit 1992 ein Gesetz gebe, das andere Parteien ausdrücklich zulasse.

Meine Kollegin fragte nach den Konditionen für eine derartige Zulassung. Al-Hashimi antwortete: Mit Ausnahme der Bestimmung, dass die neu gegründete Partei nicht von ausländischen Ländern abhängen dürfe, gebe es keine Konditionen. Er wolle darauf hinweisen, dass sich seit 1992 nicht eine einzige neue Partei habe zulassen wollen, dabei brauche man lediglich einhundertfünfzig Mitglieder, um so eine Partei zu gründen.

Wir wiesen darauf hin, dass viele Oppositionelle Schwierigkeiten im Lande gehabt hätten und deshalb auch flüchten mussten. Er meinte, jeder der nach dem Verlassen des Landes wegen politischer Gründe zurückkommen wolle, sei willkommen. Sie würden von Gesetzes wegen milde behandelt (›law of clemency‹). Bereits vor sechs oder sieben Jahren seien sogar einige von denen zurückgekehrt. Einige seien aus dem Iran zurückgekommen. Uns allen war bewusst, dass dies alles Unsinn war, was Al-Hashimi uns da auftischte. Aber Schweigen ist des Diplomaten Pflicht. Wir kamen zu einem interessanteren Abschnitt des Gesprächs, dessen Thema Al-Hashimi von sich ansprach.

Das eigentliche Problem des Irak sei die Beziehung zu den Vereinigten Staaten. Das könne man einfach erklären. Die USA unterhielten Beziehungen zum Beispiel zu einem Staat wie Kolumbien. In Südamerika gebe es keinen Faktor, den man ›Israel‹ nenne. Bei den Beziehungen zu den arabischen Ländern käme dieser entscheidende Faktor aber hinzu. Ich fragte nach, wie er sich denn das Verhältnis zu den USA in Zukunft vorstelle. Er meinte, es sei überhaupt nicht in seinem Interesse, gegen die USA zu sein. Das Problem sei: Die Beziehungen könnten immer nur gegenseitig aufgebaut werden. Deshalb wolle der Irak eine neue Seite in der Geschichte aufschlagen. Dies müsse auf gegenseitigem Vertrauen fußen und auf der Bedingung, dass sich keine der Parteien in die inneren Angelegenheiten des anderen einmische.

Weiter wollte ich wissen, ob er zwischen der Clinton- und der Bush-Administration einen Unterschied sehe. Seine Antwort: *Nein, die Irak-Politik kommt aus dem gleichen Establishment.*

Al-Hashimi, von 1984 bis 1987 irakischer Botschafter in Bonn, wiederholte noch einmal, dass auch Deutschland mit einem neuen Kapitel in den Beziehungen zwischen den beiden Ländern beginnen sollte. *Letztlich geht es doch ums Geschäft!* Da kam der Araber in ihm zum Vorschein, dachte ich mir. *Wir wollen doch unser Öl verkaufen, nicht trinken. Aber wir wollen es verkaufen, ohne anderen zu erlauben, darüber die Kontrolle auszuüben.*

Nach einer guten halben Stunde musste das Gespräch aufgrund des Zeitmangels leider beendet werden. Al-Hashimi wendete sich an mich und informierte mich darüber, dass für einen kleinen ausgewählten Kreis heute Abend um 21.00 Uhr ein Treffen mit dem erneut ernannten Außenminister Tariq Aziz im Ministerium stattfinden werde. Er stellte mir frei, daran teilzunehmen, da er mich nicht in Schwierigkeiten wegen der SPD bringen wollte. Ich sagte zu, da ich den privaten Charakter meiner Reise hinreichend kundgetan hatte. Wir gingen hinunter in die Lobby, wo sich die Leute sammelten. Die Vorträge der hohen Regierungsmitglieder standen bevor. Völlig erschöpft ging ich in mein Hotelzimmer, um mich noch ein wenig auszuruhen und innerlich auf das Treffen mit Tariq Aziz vorzubereiten. Ich machte mich frisch, legte mich auf das Bett und schaltete das Staatsfernsehen ein. Dort liefen gerade Nachrichten. Ich war erstaunt, wie viel vom Ausland berichtet wurde. Allerdings überwogen die Bilder vom Nahost-Konflikt und anderen militärischen Krisenherden der Welt. Es war für meinen Geschmack ein bisschen zu viel Militär zu sehen. Joschka Fischer und Jassir Arafat tauchten auf. (Ich wusste noch nichts von dem Attentat in einer Tel-Aviver-Disco am vergangenen Freitag.)

Saddam Hussein wurde gezeigt, wie er eine Ausstellung von Geschenken an ihn besichtigte. In einer riesigen, kalten Marmorhalle – irgendein Palast von ihm – lagen auf unendlich langen Tischen Bücher, Bilder, Wimpel, Kunstgegenstände, schmuckvolle Waffen usw., alles fein säuberlich aneinandergereiht und beschriftet. Unter anderem befand sich auch eine Ausgabe von Hitlers »Mein Kampf« darunter.

In endlosen Bildern spazierte der Diktator in einem korrekten blauen Anzug, gefolgt von zwei Uniformierten, vorbei an den Tischen und nahm manches zur Hand. Einmal inspizierte er sehr lange ein silbernes Schwert. Ich dachte, welch Gespenst er nur ist, welch armselige Hülle, die nur noch ums Überleben kämpft. Er musste krank sein. Ein Mann mit einer derartigen Machtfülle, mit einer derartig servilen Umgebung – ohne Widerspruch, ohne Herausforderung im Innern – wie kann ein Mensch so mit sich selbst zufrieden sein mit seinem Leben? Nicht von dieser Welt, dachte ich mir, als ich ihn so lustlos durch seinen Palast schlendern sah.

Aber er hält ein Volk als Geisel! In diesen Gedanken schwebend schritt die Zeit voran und der Besuch bei Aziz stand bevor. Ich ging um 20.40 Uhr in die Lobby. Die auserwählte Gruppe stand bereit. Schnell wurden wir von klimatisierten und mit Vorhängen ausgestatteten schweren Mercedes-Limousinen vor dem Hotel abgeholt und zum Ministerium gebracht. Dort gab es keinerlei persönliche Kontrollen. Ich hatte meine obligatorische orangefarbene Fototasche dabei, niemand schien sich dafür zu interessieren. Ich konnte es kaum glauben, dass wir tatsächlich zum irakischen Vize-Premier und ehemaligen Außenminister Tarek Aziz vorgelassen werden. Um 21.05 Uhr begann das Gespräch, an dem folgende Personen mehr oder weniger ›privat‹ teilnahmen: Prof. Walter Sommerfeld, Präsident der Deutsch-Irakischen Gesellschaft e. V., Stefan Dahlinger, Gesellschaft für Europäische Außen- und Sicherheitspolitik e. V., Heidelberg, Jamal Karsli, Die Grünen, Präsidiumsmitglied des Landtags Nordrhein-Westfalen, Rechtsanwalt Siegfried Seidl, Fachausschuss für Internationale Politik der SPD Berlin, Al-Sheikly, Publik Relations Manager der Organisation für Freundschaft, Frieden und Solidarität, Irak, Dr. Aziz Alkazaz, Deutsches Orient Institut, Hamburg, Dr. A. K. Al-Hashimi, Präsident der Organisation für Freundschaft, Frieden und Solidarität, Irak, sowie ein mir unbekannt gebliebener Mann.

Tariq Aziz kam in einer grünen Uniform lächelnd in den Raum, begrüßte jeden einzeln mit Handschlag und nahm sogleich in einem gemütlichen Sessel Platz. Während er eine dicke Zigarre anzündete, begann er nach etwas Schweigen im Raum mit der Bemerkung, dass diese große Delegation in ihm Erinnerungen erwecke (›revival of memories‹).

Wir stellten uns der Reihe nach vor. Als Konferenzsprache wurde Englisch verabredet. Diejenigen, wie Dr. Sommerfeld, die schon bekannt waren, sagten etwas Freundliches zu dem Aufenthalt hier in Bagdad. Ich stellte klar, dass ich nicht als Vertreter der SPD hier sei, sondern privat. Aziz meinte daraufhin, es sei ihm egal, in welcher Eigenschaft ich hier säße (›Speak as who you want to be, that is not important.‹) Es sei eine Tatsache, dass bis hin zur Kohl-Genscher-Regierung mit allen Regierungen, vor allem unter Willy Brandt und Helmut Schmidt, ein Umgang und Austausch zwischen den beiden Ländern stattgefunden habe. Lediglich mit den Grünen habe man weniger Erfahrungen. In der irakischen Regierung habe sich all die Jahre nicht so viel geändert. Deutschland sei nicht Mitglied des UN-Sicherheitsrates gewesen, als die Resolutionen für den Golf-Krieg beschlossen wurden, aber Deutschland habe sich das zu eigen gemacht (›obtained this‹). Nachdem die Kuwait-Krise nun aber politisch – der Irak erkenne die Souveränität ohne Weiteres an – als auch militärisch gelöst sei, betreibe Deutschland immer noch eine Politik, die im völligen Gegensatz zu dem stehe, was vorher als normal gegolten habe.

Das Verhalten Deutschlands sei weit entfernt von den Notwendigkeiten. Er wolle das auch gerne anhand eines Beispiels verdeutlichen. Bekanntlich habe er die Jahre nach 1991 viel zu tun gehabt bei der UNO in New York. New York liege in Amerika, das eine große Macht sei (›major power‹). Sobald er sich außerhalb der UNO bewegt habe, sei er von den FBI-Leuten sogar beschützt worden. Er könne sich jederzeit frei in den USA bewegen, Geschäftsleute treffen, jedwedes Restaurant aufsuchen. Sobald er sich aber in Deutschland bewege, käme er sich verfolgt vor (›persecuted‹). Vom Standpunkt des nationalen Interesses habe Deutschland bereits eine Menge verloren: Milliarden von Dollars. Das sei klar. Auf der anderen Seite würden die USA und Großbritannien ihr Geld in Kuwait machen. Das sei ein profitables Geschäft. Frankreich und Italien zum Beispiel hätten schon längst begonnen, sich über die Sanktionspolitik zu beschweren. Es gebe Treffen auf formaler Ebene. Er habe Rom, Madrid, Athen besucht und Leute auf den höchsten Ebenen getroffen, z. B. Herrn Prodi als damaligen italienischen Ministerpräsidenten. Er habe sich auch mit den Premiers von Spanien, Belgien und Griechenland getroffen. Das seien vier NATO-Länder und Verbündete von Amerika. Das deutsche Benehmen hingegen sei sehr befremdend, während er das Verhalten von Amerika und Großbritannien verstehen könne. Diese Länder hätten einen Grund, den Irak zu hassen. Ich solle das unserer Führung ausrichten. Aziz fragte dann, wie man die deutsche Politik erklären könne. Er sei sehr neugierig auf die Antwort. Ich wandte ein, dass es in der deutschen Politik immer zwei widerstreitende Schulen der Außenpolitik gegeben habe in letzter Zeit, zum einen eine Außenpolitik, die auf moralischen Prinzipien fuße, und zum anderen eine Außenpolitik, die auf den Realitäten fuße (›Realpolitik‹).

Aziz unterbrach und sagte, allein die deutsche Geschichte könne man wohl kaum als moralisch einwandfrei bezeichnen. Er könne das mit der Moral auch deshalb nicht abnehmen, weil Deutschland auch heute Beziehungen zu allen möglichen autokratischen Regierungen – vor allem in der Region des Nahen

Ostens – unterhalte. Jamal Karsli erwähnte das deutsche Sonderproblem mit Israel. Hier seien der Bundesrepublik vielfach die Hände gebunden. Ich ergänzte, dass dies der Punkt sei, der bei der Wahrung der deutschen Interessen immer zur berücksichtigen sei. Aziz lehnte sich zurück und sagte, er wolle sich jetzt einmal inoffiziell äußern (›off the record‹): Die Deutschen seien seiner Meinung nach eine erpresste Nation (›blackmailed nation‹). Länder wie Frankreich oder Großbritannien hätten als ehemalige Kolonialmächte so viele Opfer verursacht, darüber spreche heute niemand mehr. Stefan Dahlinger schaltete sich ein und sagte, manche hätten die Auffassung, dass Deutschland vor seinen eigenen Interessen Angst habe. Herr Aziz hielt inne, zog nachdenklich an seiner Zigarre und sagte dann schmunzelnd, das sei unser Problem, nicht ihres.

Walter Sommerkorn betonte, dass mit diesem Flug ein Zeichen gesetzt werden sollte und in Deutschland nicht alle gegen den Irak eingestellt seien. Es sei immerhin ein Meilenstein, dass der Direktflug von Frankfurt am Main nach Bagdad endlich stattgefunden habe – nach so vielen erfolglosen Anläufen. Tariq Aziz bemerkte, dass er diesen Flug ausdrücklich befürworte und der Irak normale Beziehungen zu Deutschland unterhalten möchte. Aziz Alkazaz sagte, dass der Flug ausdrücklich vom Auswärtigen Amt genehmigt worden sei und dies durchaus als Zeichen für verbesserte Beziehungen gesehen werden könne.

Ich meldete mich zu Wort und fragte, ob bzw. unter welchen Bedingungen der Irak bereit sei, neue UN-Inspekteure ins Land zu lassen. Aziz verneinte. Unter keinen Umständen werde der Irak eine neue Inspektion zulassen. In der UN-Resolution Nr. 687 sei festgeschrieben, dass alle Massenvernichtungswaffen des Irak zu entfernen seien. Die UNSCOM habe dies auch getan. Aber sie habe nicht an die UN berichtet, dass sie mit der Arbeit fertig sei. Das sei seine aufrichtige Meinung. Kapitel C, das sich mit der Implementierung der Beschlüsse befasse, beinhalte so und so viele Paragraphen, die sich mit dem Irak befassten. Paragraph 14 jedoch regele, was in der Region – einschließlich Israel – mit den Massenvernichtungswaffen zu geschehen habe. Während der Irak völlig frei von derartigen Waffensystemen sei, habe die UN in zehn Jahren nicht eine Stunde dafür aufgewendet, um sich in Israel umzusehen. Das nenne er ein bewusstes Vorurteil. Er wiederhole: Die UN habe die Beseitigung der Massenvernichtungswaffen des Irak gewollt. Sie hätte diese Waffen auch zerstört. Wenn nun erneut eine Inspektion ins Land käme, begänne das alte Spiel wieder. Es sei völlig klar, dass es sich bei diesem Vorhaben um eine amerikanische Spionage handele. Nur ein Idiot würde so etwas zulassen.

Der Irak habe die Inspektion der UNSCOM zugelassen, weil er davon ausgegangen sei, dass nach der Zerstörung der Waffen eines Tages die Sanktionen aufgehoben würden. Das habe er erwartet. Er habe dies auch Butler *(Anmer-*

kung: Im Sommer 1997 wurde der australische UN-Botschafter Richard Butler als Nachfolger von Rolf Ekeus zum Leiter der UNSCOM ernannt.) damals gesagt: Genug ist genug. Butler jedoch habe noch mehr Verifikation gewollt, und das nach siebeneinhalb Jahren. Die ganze Geschichte mit ›Butler and his Gang‹ sei eine Farce gewesen. Sie wüssten natürlich, dass diese Leute nicht nur im Auftrag der UN gehandelt hätten. Sie wüssten von seltsamen Märschen in die Wüste, wo dann ein Flugzeug gewartet habe, um gewisse Dinge unbehelligt außer Landes zu bringen. Am Ende hätten sie das Land selbst verlassen, um bald darauf mit den Bombardements zu beginnen. Als Grund sei angegeben worden, dass der Irak eine Atomwaffenproduktion vorbereite.

Hierbei hätten die Deutschen eine seltsame Rolle gespielt. Der Deutsche Nachrichtendienst habe nämlich diese Information an die Amerikaner weitergegeben. Obwohl wir Deutschen überhaupt keine Satellitentechnik hätten, um so etwas festzustellen. Es gebe seit Jahren nicht 1000 Deutsche im Irak. Wie hätte der Nachrichtendienst so etwas feststellen können, fragte Aziz. Eine solche Information zu geben, heiße nichts anderes, als dass es sich um eine billige Lüge im Auftrag des CIA gehandelt habe. Er könne nicht verstehen, wie man einen so billigen Dienst für die CIA leisten könne, obwohl die Deutschen und die Iraker in Freundschaft gelebt hätten. Jetzt gebe es nicht einmal eine richtige Botschaft der Bundesrepublik Deutschland hier in Bagdad. Lediglich eine einzige Person tue ihren Dienst. Sie als irakische Regierung wüssten sehr genau, wie Nachrichtendienste arbeiten. Solche Aktionen schafften nicht gerade eine ausgewogene Atmosphäre (›fair atmosphere‹).

Jemand stellte eine Frage zum Stand des Aussöhnungsprozesses mit Kuwait. Aziz: Kuwait sei ein aussichtsloser Fall. Die seien mental krank (›mentally sick‹). Die könnten nichts mehr frei entscheiden ohne die Amerikaner.

Zu der nächsten Frage nach den sogenannten klugen Sanktionen (›smart sanctions‹) äußerte Aziz, dass der Irak solche Sanktionen unwirksam machen werde (›kill those sanctions‹). Das neue Konzept widerspreche dem normalen Handelsverkehr zwischen den Nationen. Offenbar wisse die UN nicht, dass Iraks Nachbarländer ihr Geld gerade dadurch machten, dass der Handel mit Irak eingestellt werde.

Stefan Dahlinger fragte, was getan werden solle, um die Krise zu lösen. Die Antwort von Aziz lautete: Die Krise könne nur gelöst werden, indem die Amerikaner ihre Position ändern. Mit der jetzigen Politik könnte die USA die Iraker nicht von ihrer Position abbringen. Der Irak sei fest in seinen Überzeugungen. Die Amerikaner sollten ihre dummen Methoden (›stupid methods‹) überdenken und zu Verhandlungen zurückkehren. Zur Zeit weigere Amerika sich sogar, mit der offiziellen Seite des Irak zu sprechen. Man solle sich mal in der Region umsehen, wie das gehe. Acht Jahre z. B. sei der Irak mit Iran im Krieg gewesen. Jetzt gebe es eine irakische Botschaft in Teheran. Mit Syrien, einem Land mit dem der Irak drei Jahrzehnte lang einen Parteikonflikt ausgetragen habe, sei eine Normalisierung der Beziehungen eingetreten. Ägypten, ein Verbündeter Amerikas, sei zusammen mit anderen Ländern der Region an einer Freihandelszone mit dem Irak interessiert. Er wolle damit sagen, dass es immer Spielräume (›room to maneuver‹) gebe, wenn man nur wolle.

Ich fragte nach den Beziehungen zu Russland und China. Aziz antwortete ohne nähere Begründung, dass mit diesen Ländern sehr gute Beziehungen gepflegt würden. (Die fehlende Begründung ist auch eine Antwort, dachte ich mir; auch hier gibt es Parallelen zu den Serben vor einem Jahr unter Milosevic: die wollten auch lieber mit dem Westen gut stehen und haben in Russland und China nur einen schlechten Ersatz gesehen.)

Aziz Alkazaz bemerkte, dass die Sanktionen gegen das Regime von Saddam Hussein gerichtet gewesen seien, dieser jetzt aber mehr Macht habe als vor vielleicht fünf Jahren noch. Alle Aktionen gegen ihn seien deshalb als gescheitert anzusehen. Aziz meinte, der Irak sei bereit, jeden Tango zu tanzen. Aber für diesen Tanz brauche man bekanntlich zwei Personen. Es sei Realpolitik des Irak, dass man an den Amerikanern nicht vorbeikomme (›realpolitics to be for the U. S.‹). Die Realpolitik der USA hingegen sei ein großer Misserfolg (›big failure‹). Amerika brauche eine neue Realpolitik. Man könne sich mal ein Beispiel an der Ostpolitik von Willy Brandt nehmen. Das habe funktioniert. Diese Leute seien von einem Schlag gewesen, von dem man gewusst habe, was Sache ist.

Die neuen Führer von Deutschland, vor allem von der SPD, kenne er nicht. Er wisse nicht, von welchem Kaliber sie seien. Er wolle nicht in die Geschichte zurückgehen, aber die Deutschen seien die bekanntesten Ausländer in dieser Region gewesen. Die deutschen Experten hätten eine Menge Wissen. Vielleicht kenne Joschka Fischer die Geschichte dieser Region nicht. Jeder Herrscher in dieser Region, der dem Willen des Volkes widerspreche, könne nicht auf Dauer Führer bleiben. Das sei ein ungeschriebenes Gesetz hierzulande (›rule‹). Die Elite der ägyptischen Gesellschaft z. B. gebe sich sehr westlich, es werde westliche Popmusik gehört etc., aber wenn auf den Straßen von Kairo, würden sie den signifikanten Unterschied sehr schnell merken. Mubarak wisse das sehr genau, er sei nicht dumm. Deshalb sei sogar die Bourgeoisie auf eine antiamerikanische Politik eingestellt.

Ein anderes Beispiel: Jordanien habe geschwärmt von den Profiten des Friedens. Deshalb hätten sie ein Friedensabkommen unterzeichnet. Was aber sei das Resultat gewesen? Während sie vorher für etwa 300 Mio. US-$ Güter in die Westbank geliefert hätten, sei der Anteil auf 27 Mio. US-$ gefallen. Warum?

Nun, die Israelis hätten u. a. den Tourismus gefördert, aber dergestalt, dass alles, was zur Verpflegung notwendig sei – Sandwichs, Pepsi etc. – von zuhause aus mitgenommen werde. Sie seien zu den historischen Stätten an den Jordan gekommen. Aber was hätten sie mitgebracht? Nur sich selbst. Den Jordaniern sei der Abfall geblieben.

Zum Krieg gegen Kuwait merkte Aziz an: Kuwait sei eine prosperierende Nation gewesen. In den 90ern aber sei mehr und mehr Öl gefördert worden. Sie hätten sich revanchieren müssen. Jetzt habe Kuwait viele Schulden und ein Problem mit extremen Islamisten. Jede vernünftige Person, die wisse, dass eins und eins gleich zwei sei, müsse zu dem Schluss kommen, dass dieses Land viel verloren habe. Die dummen Zionisten in den USA und in Israel würden erkennen müssen, dass Israel am Ende verlieren werde. Israel sei wie eine Schlange, kein Tiger. Israel könne seine Gegner beißen, aber wenn es daran scheitern sollte, den anderen zu töten, könne es selbst gefressen werden: Denn Israel sei klein. Die derzeitige einseitige Politik, die rassistisch sei, dauere nun schon über zehn Jahre an. Es gebe kein Zeichen für eine Änderung. Dabei sei der Zeitraum von fünfzig Jahren, in dem man stets für Israel gewesen sei, genug.

Es sei paradox: Jeder deutsche Bürger könne sagen, Friedrich der Große sei ein Idiot gewesen, oder dieser Philosoph sei homosexuell, und niemand würde ihn dafür belangen. Wenn er jedoch einen Juden kritisiere, müsse er ins Gefängnis gehen. Dabei sei das mit dem Antisemitismus so eine Sache. Sie, die Iraker, seien doch auch Semiten. Wenn also jemand antisemitisch sei, dann sei das auch gegen sie gerichtet.

Inzwischen war es 22.50 Uhr geworden und Herr Aziz wollte das Gespräch beenden. Wir alle waren erstaunt, dass uns so viel Zeit eingeräumt worden war, nachdem es geheißen hatte, dass der Minister nur eine halbe Stunde Zeit habe. Es wurden Fotos gemacht und Visitenkarten ausgetauscht. Man verabschiedete sich freundlich. Da die übrigen Delegationsteilnehmer bereits auf dem extra gemieteten Schiff auf dem Tigris ihre Abschiedsparty feierten, sollten wir nun mit einem kleinen Boot dorthin gebracht werden. Die Limousinen brachten uns an einen dunklen Ort am Stadtrand, wo wir uns auf einer Anlegestelle einfinden sollten. Dort war kein Partyschiff. Also wurde kurzerhand ein kleines Motorboot geheuert. Die Fahrt ging los – vorbei an den vielen Familien mit Kindern, die am Tigris den kühlen Abend verbrachten, was einen unheimlich romantischen Eindruck auf mich machte.

Wir fanden das Schiff nicht gleich, sondern erst nach einer guten halben Stunde Fahrt. Viele der Gesprächsteilnehmer bei Aziz zeigten sich noch einmal erstaunt über diese Begegnung. Man war der Meinung, dass dies ein besonderer Tag sei, den man sich in Erinnerung halten sollte. So offene Worte! Tätigt man vielleicht nur in einem Kreis Gleichgesinnter? So war es natürlich nicht. Mir war die ganze Zeit über bewusst, wem ich gegenüber saß. Einem führenden Mitglied einer grausamen Diktatur. Ich habe folgerichtig auch Niemanden gebeten, eine Foto von Aziz und mir aufzunehmen. Tariq Aziz nutzte die Gelegenheit, Botschaften auszusenden. Er ist ein eloquenter und auf seine Art gebildeter Charismatiker, der ›undiplomatisch diplomatisch‹ auftritt, eine bessere Umschreibung fällt mir nicht ein. Im Kern diplomatisch, also ausholend und für Verständnis werbend, weil er eben etwas erreichen will, aber in den Details durchaus auch sehr undiplomatisch, wie die Verwendung des Ausdrucks ›dumme Zionisten‹ bewies.

Auf dem Schiff war das Buffet bereits eröffnet. Ich nahm Einiges zu mir. Während die Musik laut spielte, mitunter auch westliche Musik, beobachtete ich das Gespräch zwischen einem sympathisch schauenden Mann und einer Stewardess. Ich war mir unsicher, ob ich ihn nicht von irgendwoher kannte, deshalb beschloss ich, ihn kurzerhand anzusprechen. Entgegen meiner Annahme handelte es sich bei meinem Gesprächspartner um einen Consultant einer mittelständischen Firma für Umwelttechnologie aus Frankfurt, dem ich vorher noch nie begegnet war. Er reagierte sehr interessiert und erzählte mir etwas von seinen Geschäften hier. Seine Aufgabe sei es gewesen, mit den Stadtwerken über neue Kläranlagentechnologie zu sprechen. Das Problem sei, dass der deutsche Standard für derartige moderne Technologie stets ein Konzept voraussetze. Daran hapere es hierzulande. Die Leute könnten nicht vernetzt denken. Sie könnten nur kaufen und es dann anwenden. Dies sei in seinem Bereich jedoch völlig unsinnig. Kläranlagentechnologie sei ein sehr komplexer Bereich. Das, was eingekauft werde, müsse zusammenpassen und – wie gesagt – auf einem längerfristigen Abwasserkonzept beruhen. Die Anlagen seien sehr teuer. Er sei zum ersten Mal im Irak und müsse sein negatives Bild von diesem Land revidieren. Insoweit sei die Reise hierher für ihn sehr wichtig. Man müsse einfach den Realitäten ins Auge sehen und mit den Leuten kommunizieren. Natürlich sei das System hier ganz knallhart diktatorisch, aber wie sollte sich an der lethargischen Einstellung der Leute etwas ändern, wenn niemand sich auf sie einlasse.

Ich pflichtete ihm bei, dass zum Aufbau eines Mittelstandes, der unabdingbar für die Änderung der politischen Ordnung sei, ein wirtschaftlicher Austausch notwendig sei. Sonst gingen die guten Leute ja weg, es blieben die ganz Reichen, die vom korrupten System lebten, und deshalb an einer Änderung nicht interessiert seien, und die ganz Armen, denen keine andere Wahl bliebe. Mit dem jetzigen Isolationszustand sei der Aufbau einer ›Zivilgesellschaft‹ in unserem Sinne absolut illusorisch.

Mein Gesprächspartner berichtete mir von einem anderen Teilnehmer der Reise, der die Möglichkeit gehabt habe, in ein Gefängnis zu gehen. Er habe ihm von den fürchterlichen Zuständen berichtet. Das sei natürlich die andere Seite dieser Gesellschaftsordnung, mit der man sich lieber nicht beschäftige, da man dann nur noch entsetzt sein könne. Um aber gerade solche Dinge langfristig ändern zu können, brauche man die Außenkontakte zum Aufbau einer offeneren Gesellschaft. Mit der jetzigen Politik werde sich hier gar nichts ändern. Im Gegenteil, man verschlimmere die Sache insoweit, als die irakische Regierung der einzige Kommunikationspartner für die Gesellschaft einschließlich des Apparates sei. Eigentlich müssten viel mehr Leute aus der Welt und aus Deutschland hierher kommen und mit allen möglichen Leuten reden. So könne man das aufweichen. Über den desolaten Zustand der irakischen Industrie habe er mit einem Techniker aus Hamburg gesprochen. Den solle ich unbedingt fragen, denn der wisse bestens Bescheid. Er zeigte mir den mittelalten Mann, der eine blaue Stoffhose und ein helles Sakko trug. Auffällig waren seine Turnschuhe und seine hellen wilden Locken, die undomestiziert eine Glatze einrahmten. Er hätte auch als Journalist durchgehen können.

Ich nahm die Gelegenheit im Hotel beim Schopfe und sprach diesen Mann an, als er gerade auf einem Sofa Platz genommen hatte und eine Zigarette rauchte. Er wollte offensichtlich abwarten, was heute noch passierte, oder allein ein paar Bierchen trinken. Ich nahm also kurzerhand neben ihm Platz und stellte mich vor. Er war sofort sehr aufgeschlossen und schien sich zu freuen, von jemandem angesprochen zu werden. Das Restaurant hatte extra geöffnet, um die Gäste mit Getränken versorgen zu können. Wir kauften Cola und Wasser, da die scharfen Speisen auf dem Schiff durstig gemacht hatten. Auf der Visitenkarte meines Gesprächspartners stand die Berufsbezeichnung ›Dipl.-Ing.‹. Die Firma sei ein Unternehmen mit einigen Dutzend Technikern, die im Bereich Maschinenbau, Elektrotechnik und Hochtechnologie tätig ist. Der Techniker redete wie ein Wasserfall. Er schien Freude daran zu haben, dass sich jemand für seine Sachen interessiert. Für Politik habe er sich nie sonderlich interessiert, gestand er. Allerdings habe er seine privaten Meinungen, die ausschließlich auf praktischen Erfahrungen fußten, und die oft nicht mit den herkömmlichen Auffassungen übereinstimmten, ›weil die Politiker in Wahrheit keine Ahnung haben, wie es wirklich aussieht hier.‹ Seit über zehn Jahren komme er regelmäßig in den Irak. Er sei hier als Ingenieur schon vor dem Golf-Krieg tätig gewesen. Das Grundproblem dieses Landes sei, dass die Irakis zwei absolut linke Hände hätten und einen dicken Daumen, d. h. sie könnten schlicht nicht mit Technik umgehen, zumindest nicht wie man das als Deutscher gewohnt sei. Darüber könne er Dutzende von Geschichten erzählen, um das zu belegen. Er begann sogleich mit einem Beispiel: Bei der Justierung von Maschinen zur Herstellung von Präzisionsmetallstücken gebe es das sog. CNC-Verfahren (Computer Numeric Controlled). Dabei werde die Maschine so programmiert, dass kleine physikalische Abweichungen durch ein Rechnerprogramm ausgeglichen würden. Dazu müsse man auf einer Fläche viele Messstellen einrichten, die die jeweilige Abweichung anzeigten, was dann im Rechnerprogramm verarbeitet werde. Dieses Prüfungsverfahren dauere viele Stunden, manchmal Tage. Deutsche Techniker hätten das zusammen mit den irakischen Technikern durchgeführt. Nach einer Tagesarbeit sei, kurz vor Ende der Prüfung, eine Regierungsdelegation vorbeigekommen, um sich das anzuschauen. Plötzlich sei ein irakischer Ingenieur hergegangen und habe – wahrscheinlich um etwas demonstrieren zu können – eines dieser Messgeräte zum Entsetzen der europäischen Kollegen per Hand auf Null zurück justiert, womit die ganze Arbeit umsonst gewesen sei. Das Problem sei einfach, dass dieser Ingenieur keinerlei Verständnis für seine Arbeit besessen habe. Einer der deutschen Kollegen habe daraufhin frustriert gesagt: ›Trinken wir erst einmal ein Bier.‹ Ein anderes Beispiel: Jede Maschinenhalle habe von den deutschen Firmen eine kleine Werkstatt mitgeliefert bekommen. Alles sei komplett nach deutschem Standard eingerichtet worden. Man müsse sich das so vorstellen: Da gebe es eine kleine Schlosserei mit banalen Werkzeugen, wie Bohrer, Schraubendreher etc., um einfache Reparaturen und Wartungen durchführen zu können. Genau so, wie die Iraker sämtliche Maschinen schlicht kaputt gemacht hätten, durch pure Unfähigkeit, so hätten sie auch diese Werkstätte kaputt gemacht. Da gebe es keine normalen Kabelanschlüsse mehr etc. Mit einem Satz: Es gebe da nichts mehr, was funktioniere.

Er habe zum Beispiel einmal jemanden gebeten, einen total stumpfen Bohrer nachzuschleifen. Die Ingenieure meinten dazu, das sei doch überhaupt nicht nötig, man könne auch so Löcher bohren. Was die überhaupt nicht kapiert hätten, so mein Gesprächspartner, seien die einfachsten Grundprinzipien des Bohrens. Natürlich könne man auch mit einem unscharfen Bohrer ein Loch bohren, nur sei dieses Loch dann größer als gewünscht. Natürlich könne man da auch eine Schraube hinein drehen, aber der Druck, den eine verkeilt eingedrehte Schraube aushalte, betrage im Vergleich zu einer ordentlich ansitzenden Schraube vielleicht zehn Prozent. Diese Zusammenhänge verstünden viele irakische Ingenieure einfach nicht. Bei den großen Anlagen, die man hierher gebracht habe, müsse er nun feststellen, dass keine einzige dieser zu Hunderten gelieferten Maschinen noch ordnungsgemäß funktioniere. Fünfundneunzig Prozent seien überhaupt nicht mehr in Betrieb. Es fehle jegliches Verständnis für die Wartung und Bedienung dieser Maschinen. Vor dem Embargo sei das insofern noch erträglich gewesen, als man schnell mal ein paar Techniker aus Deutschland oder von anders woher hätte einfliegen können, um die Dinge wieder in Gang zu bringen. So hätten sich innerhalb Tagesfrist Probleme lösen lassen. Dies sei seit Jahren nicht mehr möglich.

Dass die irakische Führung einsatzfähige Atomwaffen herstellen können solle, darüber könne er nur schmunzeln. Selbst wenn angereichertes Material vorhanden wäre – herstellen könnten die Irakis das niemals – müssten die entsprechenden Trägersysteme bereitstehen. Mit der irakischen Raketenproduktion sehe es aber sehr schlecht aus. Es gebe drei Raketenfirmen im Irak, eine davon sei von den Amerikanern bombardiert worden. Er sei einmal aus Versehen durch eine Halle mit Raketenteilen geführt worden. Da hätten wirklich nur unbrauchbare Teile herumgestanden.

Die Hülle von Raketen könne man durch das sogenannte Kalttiefzieh-Verfahren herstellen, denn durch den ungeheuren Druck und die Hitze eigneten sich gegossene oder gedrehte Teile nicht. Dazu bedürfe es spezieller Präzisionsmaschinen, die der Irak auch einmal gekauft habe. Zum Schutz vor Bombenangriffen seien die Maschinen aus den Hallen ins Freie transportiert worden. Mit dem Ergebnis, dass sie dort korrodiert seien. Man habe ihn gerufen und gefragt, was man da machen könne. Er habe gelacht und denen gesagt: Nichts, denn da brauche man spezielle Maschinen, um das wieder in Ordnung zu bringen. Diese Maschinen seien für alle Zeiten kaputt.

Der Witz an der Sache sei, dass man natürlich auch mit schlechtem Material Raketenteile herstellen könne, nur dann habe man eben einen Feuerwerkskörper und keine zielgenaue Waffe. Im schlimmsten Falle bekäme man diese Dinger gar nicht in den Luftraum. Wie gefährlich die Iraker ihre Waffen produzierten sei auch nichts Neues. Unlängst sei eine Munitionsfabrik in die Luft geflogen mit der Folge vieler toter Arbeiter; aber das sei in einem Land wie dem Irak nichts Besonderes. Ich wollte etwas mehr über die Munitionsfabriken des Irak wissen. Er erzählte bereitwillig. Für die Hülsen gebe es vollautomatische Maschinen. Alle die Produktionsstraßen, die er gesehen habe, seien inzwischen außer Betrieb. Vereinzelt säßen da ein paar Arbeiter, die mit Handarbeit beschäftigt seien. ›Und der Westen glaubt‹, lachte der Ingenieur, ›dass die kurz vor der Weltmacht-Übernahme stünden!?‹ – »Oder guck dir doch mal die Militärparaden Saddams an. Ist es nicht seltsam, dass die Panzer alle auf LKWs transportiert werden?«

Wir waren in der Zwischenzeit in sein Hotelzimmer gegangen. Die andere Gruppe um Aziz Alkazaz feierte in dessen Hotelzimmer. Mein neuer Bekannter meinte, es sei besser, wenn wir unter uns blieben. Ich meinte, im Hotel könne man doch leicht abgehört werden. Er lachte und sagte, ja, die wollten das schon gerne machen, allein die hätten Probleme mit ihrer Technik. Er war einverstanden, dass wir uns sicherheitshalber auf den Balkon setzten; dort sei seiner Meinung nach ein Abhören gänzlich unmöglich. Es war sehr heiß, mindestens 30 Grad Celsius. Der Ingenieur stellte eine Flasche Whisky auf den Tisch und begann, das Zeug mit Wasser und Cola zu mischen. Ich verzichtete nur ungern auf mein Bett, aber die Konversation mit diesem Praktiker war wirklich hilfreich. Der Mann schien gut informiert zu sein über die Verhältnisse hierzulande. Außerdem hatte er Sinn für beißende Ironie. Er nahm kein Blatt vor den Mund. Er lachte: ›Schau doch mal diese Brücke da unten an.‹ Vor unseren Augen lag eine relativ neue große Brücke über den Tigris. ›Fällt dir was Besonderes auf?‹ – ›Sie ist relativ neu‹, fiel mir nur ein. – ›Ja, die Brücken wurden während des Krieges zerstört und sind dann wieder aufgebaut worden. Aber schau dir mal die Säulen an. Die Brückenpfeiler sind mit einer sogenannter Eisarmierung ummantelt. Wozu braucht man so etwas? Um die Pfeiler vor dem gefrierenden Wasser zu schützen. Hast du jetzt verstanden, was ich dir beweisen will.‹ Er fuhr fort: ›Die haben sich einfach die Pläne von den Kanadiern oder sonst woher geholt und das alles kopiert, ohne sich jegliche Gedanken zu machen. Stell dir vor, wie viel Beton hier sinnlos verbaut ist.‹ Ich erzählte ihm von meinen Erfahrungen mit dem ›Business-Center‹ hier im Hotel. Das ist ein Raum mit einem großen Guckloch, in dem sich ein Schreibtisch, ein Telefon und ein Faxgerät befinden. Eine junge Frau sitzt dahinter. Ich wollte heute einen Geburtstagsgruß absenden und übergab der Angestellten mein Fax. Sie legte es auf, wählte zweimal, telefonierte einmal und gab mir das Papier zurück, nachdem es durch das Gerät gerauscht war. Ich musste sie bitten, mir doch eine Bestätigung zu geben. Die bekam ich auch, und zwar in Form eines kompletten Faxprotokolls, auf dem alle abgesendeten und empfangenen Faxe der letzten zwei Wochen verzeichnet waren – mit Nummern und Namen der Absender! Außerdem las ich da noch hinter meinem eigenen Vorgang ›Communication Error‹. Ich machte die Frau darauf aufmerksam. Sie meinte aber nur, das sei schon in Ordnung, das stünde da manchmal, die Faxe kämen aber trotzdem an!?

Mit solchen Geschichten amüsierten wir uns auf dem nächtlichen Balkon. Mein Gesprächspartner holte eine Bestellliste mit vielen Artikelnummern heraus. Es handele sich um Elektrosicherungen, kommentierte er. ›Was ist auffällig an dieser Liste? Das sind alles korrekte Angaben über die Produkte, die hier benötigt werden. Fein säuberlich aufgeschrieben.‹ – ›Da fehlt die Mengenangabe‹, sagte ich. – ›Ja, die Bestellliste ist offensichtlich sinnlos, weil die Mengenangaben fehlen. Das ist niemandem aufgefallen. Man kann also durchaus sagen, dass es da immer wieder *small technical problems* gibt, oder?‹ Er fuhr fort: ›Was manche als kleine Fehler ansehen, hat hier System und zeigt, dass es oft an grundlegenden technischen Begabungen fehlt.‹

Zum Schluss erörterten wir noch das Problem des Informationsaustausches im Irak. Der Ingenieur: ›Die Leute sind hier natürlich von jeglichen objektiven Nachrichten abgeschnitten. Manche fragen mich immer, wie man an Nachrichten kommen könne. Ich sage denen dann: Geht in eines der Internet-Cafés, die es hier gibt, z. B. am Bahnhof, nehmt euch eine Diskette mit und kopiert euch die New York Times. Das Surfen im Internet kostet 3.000 Dinar die Stunde, das ist etwa eine DM.‹

Ich fragte, ob man hier Emails versenden und empfangen könne. – ›Dazu brauchst Du eine Lizenz und die bekommen nur zuverlässige Leute. Außerdem muss man davon ausgehen, dass das alles kontrolliert wird.‹ – ›Wie sieht es eigentlich mit dem Telefonieren aus?‹, wollte ich weiter wissen. ›Du kannst vom Ausland nur sehr schwer hierher telefonieren, von hier geht das leichter. Aber Du musst davon ausgehen, dass das alles abgehört wird. Und Handys sind verboten.‹

Seiner Auffassung nach handele es sich bei der irakischen Gesellschaft im Grunde genommen immer noch um eine mittelalterliche Gesellschaft von Stämmen. Eine ›Zivilisation‹ in unserem Sinne gebe es hier nicht. Eine ›Demokratie‹ in unserem Sinne sei auf absehbare Zeit undenkbar. Es gebe so gut wie keine Opposition. Das heiße, dass der Nachfolger von Saddam Hussein, wahrscheinlich einer der beiden Söhne, die Sache ›ausschießen‹ werde. Jeder von denen würde schon an einer Privatarmee arbeiten. So sei das hier immer gelaufen. Die sog. friedliche demokratische Wende Saddam Husseins bei dessen Machtübernahme habe damit begonnen, dass er in einem Stadion Tausende Oppositioneller zusammenpferchen und ermorden ließ. Keiner solle sich hier Illusionen machen. Die Frage sei nur, ob die UN-Sanktionen da irgendeine substanzielle Verbesserung brächten. Die Antwort sei eindeutig nein, denn wenn es früher eine breite Schicht relativ gut verdienender Staatsangestellter gegeben habe, mit einem Einkommen von vielleicht 6000 DM, so gebe es jetzt sehr viele, die vielleicht 60 DM verdienten und einige wenige mit 60 000 DM Einkommen. Damit werde die Diktatur aber zementiert.

Montag, 4. Juni 2001

Gegen fünf Uhr morgens musste ich mich verabschieden, da ich kaum mehr sitzen konnte, nicht weil ich zu viel Alkohol getrunken hatte, sondern weil ich so müde war. In einigen Stunden sollte die Abreise beginnen.

Diese verzögerte sich am Flughafen noch um weitere Stunden, da einer der Reiseteilnehmer angeblich 1986 als Oppositioneller das Land verlassen habe und damals zu einer Freiheitsstrafe verurteilt worden sei. Er hatte die Strafe aber verbüßt, was jedoch im Grenzschutzcomputer nicht vermerkt gewesen sei. So musste am heutigen Feiertag jemand vom Justizministerium benachrichtigt und die Akte dieses Mannes gesucht werden. Die ganze Aktion war ziemlich ärgerlich, und viele Delegationsteilnehmer, die noch nicht so erfahren mit dem Nahen Osten waren, zeigten sich enttäuscht.

Im Flugzeug herrschte dann wieder eine heitere Stimmung. Die meisten Teilnehmer des ›Direktfluges nach Bagdad‹ waren insgesamt doch sehr positiv überrascht über die Freundlichkeit der Iraker. Einige Geschäftsleute hatten vermutlich volle Koffer mit Aufträgen dabei. Es wurden viele Visitenkarten ausgetauscht.

Auch für mich war es Zeit, eine vorläufige Bilanz zu ziehen: Es war schon sehr wichtig, mal das Land von innen gesehen zu haben, auch wenn es für mich ein Crashtest war, da ich außer Marokko noch kein islamisches Land besucht hatte.

Im Kanzleramt I
I. Memorandum

Montag, 25. Juni 2001

Die Reise unternahm ich gewissermaßen als Privatperson. Gleich nach der Rückkehr schlüpfte ich wieder in meine politische Funktion beim Fachausschuss für Internationale Politik des SPD-Landesverbandes Berlin, um das Thema dort auf die Tagesordnung zu setzen.

Auf einer Veranstaltung der Deutschen Gesellschaft für Auswärtige Politik (DGAP) in der Rauchstraße in Berlin vor wenigen Tagen mit Prinz El Hassan bin Talan, dem ehemaligen Kronprinzen und Prinzregenten von Jordanien, kam ich mit Reinhard Hesse, dem liebenswerten Redenschreiber von Gerhard Schröder, ins Gespräch. Hesse kennt die arabische Welt, seit er einen Teil seiner Jugend in Kairo verbrachte. Nach dem Studium arbeitete er auch als Journalist im Libanon, in Ägypten und in den USA. Ich erzählte ihm bei Wein und Brezel von meiner Reise. Er brachte mich auf die Idee, meine Gedanken in einem Papier zusammenzufassen, und mich damit ans Bundeskanzleramt zu wenden.

Die Erstellung eines Memorandums ist gar nicht so einfach, wie ich feststellen musste. Aber Hesse half mir auch handwerklich. Er stellte den Kontakt zu einem Experten bei der UNO in New York her, mit dem ich heute ausführlich telefonierte. Bei dem Gespräch ging es zunächst um die Freihandelsabkommen zwischen dem Irak und anderen arabischen Staaten, also um technische Fragen. Mein Gesprächspartner bestätigte die Aussage, die ich in Bagdad vernommen hatte, dass separate Abkommen z. B. mit Jordanien geschlossen worden sein. Nächstes Thema waren die so genannten ›klugen Sanktionen‹ (›smart sanctions‹). Insgesamt seien sie wohl ein Fortschritt. Momentan gehe es um die Details, deshalb dauerten die Verhandlungen im UN-Sicherheitsrat noch an. Probleme könnten die verstärkt notwendig werdenden Kontrollen an den Grenzübergängen aufwerfen. Als nächstes interessierte mich seine Sichtweise der irakisch-amerikanischen Beziehungen und die Rolle der UNO bei diesem Thema.

Seine Antwort: Im Wesentlichen sei der Konflikt eine Sache zwischen den USA und dem Irak. Dann kämen noch die weiteren ständigen Mitglieder im UN-Sicherheitsrat hinzu, die großes Interesse daran hätten, ihren Einfluss geltend zu machen. Die Franzosen, Russen und Chinesen hätten kein Interesse daran, die UN-Sanktionen zu brechen, denn damit würden sie den Konsens im UN-Sicherheitsrat verlassen. Daran seien vor allem Russland und China nicht interessiert, denn der UN-Sicherheitsrat sei das einzige Gremium, bei dem sie gleichberechtigt mitmachen und so ihren Einfluss entfalten könnten. Würden sie sich im Sicherheitsrat verweigern, wäre das sehr im Interesse der Vereinigten Staaten. Dann gäbe es als vergleichbar einflussreiches Institut nur noch die ›G 8‹ und da gebe es keine Gleichberechtigung. Dort schaffe der an, der wirtschaftlich am stärksten sei. Anders im Sicherheitsrat: Dort könne der schwächste von den fünf Ständigen Mitgliedern gleichberechtigt mitbestimmen. Deshalb seien dort sogar die Chinesen bereit zu verhandeln.

›Wie sieht es mit den irakisch-russischen Beziehungen aus?‹ fragte ich weiter. Da gebe es, so der Experte, die Tendenz zu mehr und mehr wirtschaftlichen Vorteilen für die Russen. So hätten die Irakis beispielsweise mit einer russischen Ölfirma Dienstleistungsverträge abgeschlossen. Es gehe hier also nicht mehr nur um strategische und taktische Beziehungen. Nun, was könnten die Europäer tun, wollte ich wissen.

Jeder wolle da eine gewichtige Stimme sein, aber selbst die Franzosen seien sehr vorsichtig geworden. Alle lehnten sich an die Amerikaner an. Das Entscheidende für diese Länder seien die Verhandlungen im Sicherheitsrat. Auch wenn die Sprache dort mitunter hart sei, es gehe stets um die Details. Da gebe es interessante Veränderungen. So wolle man Voraussetzungen schaffen, dass Investitionen im Irak und allgemein mehr wirtschaftliche Geschäfte möglich werden.

Ich fragte nach seiner Einschätzung über das Regime von Saddam Hussein: ›Ist das Regime weicher oder härter geworden in letzter Zeit?‹ Eine Lockerung könne er nicht sehen, meinte mein Gesprächspartner aus New York. Aber es gebe andere neue Entwicklungen, zum Beispiel im Bereich der Korruptionsbekämpfung. Da werde jetzt härter durchgegriffen. Das sei bemerkenswert. Das brachte mich zu der Anschlussfrage, wie es mit der Schattenwirtschaft neben dem Öl-für-Nahrung-Programm aussehe. Seine Antwort: Insgesamt mache der Schwarzmarkt beim Öl mindestens elf bis zwölf Prozent der Umsätze aus. Etwa 300 000 Barrel pro Tag flössen an der UN vorbei, davon je 100 000 über Syrien und Jordanien. Man könne auch davon ausgehen, dass einige hunderttausend Barrel pro Tag über den Iran abgewickelt werden.

Abschließend wollte ich seine Einschätzung zum Thema Nahost-Konflikt hören. In welchem Zusammenhang der Palästinenser-Konflikt mit der Irak-Frage stehe. Die Verknüpfung dieser Fragen finde nur oberflächlich statt, denn der Palästinenser-Konflikt sei ein fundamentales Problem, während die Irak-Sache etwas mit strategischen Problemen zu tun habe. Bei den Palästinensern gehe es nicht um strategische Fragen. Ich dankte meinem charmanten Gesprächspartner aus New York und machte mich daran, das folgende *Memorandum zur politischen Lage im Irak* zu verfassen:

Vorbemerkung

Die Deutsch-Irakische Gesellschaft veranstaltete mit Unterstützung des Deutsch-Arabischen Friedenswerkes e. V. einen Direktflug von Frankfurt am Main nach Bagdad, um ein Zeichen gegen die Sanktionspolitik der UN zu setzen. In dem mit etwa 140 Personen besetzten Flugzeug befanden sich neben Vertretern des Vereins der Auslandsiraker und Leuten aus Wirtschaft, Gesellschaft und Politik vor allem Privatpersonen, die den Flug für die Pflege verwandtschaftlicher oder freundschaftlicher Beziehungen nutzten. Ich nahm an der Reise vom 1. bis 4. Juni 2001 in meiner Eigenschaft als Stellvertretender Vorsitzender des Fachausschusses für Internationale Politik der SPD Berlin teil, um inoffizielle Gespräche mit Politikern und einfachen Bürgern des Landes führen zu können und mir einen persönlichen Eindruck von der Versorgungslage des Landes machen zu können. In Absprache mit dem Auswärtigen Amt und dem Willy-Brandt-Haus hatte ich mich jedoch als ›Privatperson‹ angemeldet. Als weiteres Mitglied des Fachausschusses nahm Frau xxx, Doktorandin der Nahostpolitik an der Arbeitsstelle Politik des Vorderen Orients an der FU Berlin, teil. Im Nachfolgenden gebe ich meine Einschätzung wider:

Der Irak und die UNO

Die UN-Sanktionsmaßnahmen haben ihr indirektes politisches Ziel, das Regime von Saddam Hussein zu überwinden bzw. entscheidend zu schwächen, eindeutig verfehlt. Durch die Abschottung des Volkes von der Außenwelt, die der Diktator zynisch für seine Propaganda im Innern ausnutzt, ist der Aufbau einer unabhängigen, demokratischen Zivilgesellschaft als Träger einer politischen Alternative praktisch ausgeschlossen. Viele der früher gutsituierten Angestellten in Staat und Wirtschaft sind heute verarmt, und haben – sofern sie nicht auswandern können – keine andere Wahl, als sich mit dem Regime zu arrangieren. Auf der anderen Seite gibt es die Wenigen, die durch die Günstlingswirtschaft und das korrupte System sehr reich geworden und deshalb an einer Änderung des Systems nicht interessiert sind.

Das direkte Ziel der UN-Sanktionen, nämlich die erneute und dauerhafte Öffnung des Irak für UN-Inspektionsgruppen zur Abrüstung, ist nicht mehr erreichbar. Der Irak wird neue Inspektionen nach Aussage des Stellvertretenden Ministerpräsidenten und Außenministers Tariq Aziz einfach nicht mehr zulassen. Nach der siebeneinhalb Jahre dauernden Überprüfung einschließlich der Abrüstungstätigkeiten der UN fühlt man sich hintergangen. Insofern ist man auch von den Deutschen enttäuscht, da angeblich der Bundesnachrichtendienst

(BND) unrichtige Angaben an den CIA über ein vermutetes Atomwaffenprogramm weitergegeben habe. Ich kenne diese Berichte natürlich nicht, habe allerdings von zuverlässigen Quellen (deutsche Ingenieure, die immer noch dort tätig sind) erfahren, dass ein als gefährlich einzustufendes Atomwaffenprogramm aufgrund der technischen Unzulänglichkeiten von Seiten der Iraker schlicht nicht durchgeführt werden könne. Allein der Zustand der Munitionsfabriken sei derart desolat, dass das militärische Potenzial zur Zeit als äußerst bescheiden zu bewerten sei. Dennoch liegt auf der Hand, dass der fehlende Wille seitens des Irak zu einer neuen Zusammenarbeit mit der UNO und der Vertrauensverlust seitens der UNO zu einem Dilemma geführt haben.

Das humanitäre Ziel des sogenannten Oil-for-Food-Programms der UN wurde nur zum Teil erreicht. Durch die Variierungsmöglichkeit der Ölfördermengen kann das Regime das Handelsvolumen beliebig steuern und bei Engpässen den schwarzen Peter der UN zuschieben (die sog. Öl-Waffe). Das irakische Volk bleibt natürlich ahnungslos, niemand kann die wahren Gründe für Versorgungsengpässe erforschen. Offiziell argumentiert die irakische Regierung, dass dieses Programm nur als Instrument zur Kostendeckung der UN-Aktionen dient und nicht der Bevölkerung des Irak zugute kommt – und das ist im Prinzip sogar richtig.

Die sogenannten ›Smart Sanctions‹ könnten die Grundlage für eine bessere Versorgungslage der Bevölkerung schaffen. Dabei würden sich die substanziellen Verbesserungen vor allem aus den Details ergeben, die zur Zeit hart im UN-Sicherheitsrat verhandelt werden. Trotzdem oder vielleicht gerade deshalb wird dieser Plan von der Regierung kategorisch abgelehnt, offiziell mit der Begründung, dass die meisten Dual-Use-Produkte unbedingt für den Zivilbereich benötigt würden. Desweiteren sieht sich die irakische Regierung durch ein verstärktes Kontrollregime seitens der UN in ihrer Handlungsfreiheit ungerechtfertigterweise eingeengt; man spricht von einer ›finanziellen Bevormundung‹. Im Übrigen hat der Handelsminister darauf hingewiesen, dass sich auch für die Bundesrepublik Deutschland indirekt Nachteile ergeben könnten, wenn z. B. Nutzfahrzeuge das zulässige Gesamtgewicht von 30 Tonnen nicht überschreiten dürften und damit alle gängigen LKWs von Daimler Chrysler oder MAN darunter fielen.

Die innenpolitische Lage im Irak

Saddam Hussein ist nach wie vor der konkurrenzlose Herrscher in seinem Land. Aufgrund des extremen Personenkults ist er mehr denn je in allen öffentlichen Räumen und Büros allgegenwärtig. Tatsache ist, dass es ihm gelungen ist, eine sogenannte Schicksalsgemeinschaft zwischen dem Volk und sich herzustellen. Trotz der Einschüchterung der Bevölkerung durch eine zuweilen unverhohlen grausame Politik und der prekären Versorgungslage hat er in weiten Teilen der Bevölkerung noch immer den Ruf, modern und sozial zu sein, als einer, der statt neuer Golfplätze ein paar mehr Krankenhäuser bauen lässt.

Eine Revolution, vermittelt durch die irakische Auslandsopposition der Kurden oder Schiiten, halte ich für ausgeschlossen. Das würde die Kooperationsfähigkeit dieser Gruppen und ein gemeinsames Konzept voraussetzen, was beides nicht ersichtlich ist. Die Situation ist nicht mit Serbien im Jahr 2000 vergleichbar, wo es eine einigermaßen entwickelte Opposition gab und relative Meinungsfreiheit herrschte. Im Gegensatz hierzu sind die elektronischen Medien im Irak zu hundert Prozent in den Händen des Regimes. Abgesehen von den kaum nennenswerten staatlichen Printmedien ist die normale Bevölkerung praktisch von Informationen von außerhalb abgeschnitten. Die einzigen Fenster zur Welt scheinen die Internet-Cafés in Bagdad zu sein; die entsprechende Hard- und Software dürfte aber ironischerweise die Liste der nicht einzuführenden Waren auf der geplanten Dual-Use-Liste anführen. Ohne die Möglichkeiten der normalen Außenkommunikation, die nur bei einem relativ freien wirtschaftlichen Austausch realistisch ist, bleibt der Aufbau einer demokratischen Zivilgesellschaft aber illusorisch.

Die (demokratische) Opposition wird auch von der irakischen Regierung als sehr schwach angesehen. Die Regierung weist darauf hin, dass es seit 1992 ein Parteiengesetz gebe, das eine freie Betätigung am politischen Leben erlaube, sofern die Partei nicht vom Ausland gesteuert sei. Aufgrund der innenpolitischen Situation ist es jedoch verständlich, dass sich noch keine Gruppe getraut hat, sich offiziell registrieren zu lassen. Vielleicht wird diese Möglichkeit aber auch schlicht boykottiert. Die Regierung verspricht auf der anderen Seite, ehemalige Regimekritiker „milde" zu behandeln, sollten sie in den Irak zurückkehren. Hier liegt möglicherweise ein Versprechen, das im Falle eines neuen kritischen Dialoges zu testen wäre. Gleichwohl ist insgesamt gesehen nicht von einer Tendenz zu einer demokratischeren Verfassung auszugehen. Zu den jüngsten interessanten Entwicklungen gehört die Anti-Korruptionskampagne, derzufolge ein Minister für Elektrizität öffentlich exekutiert wurde.

Die Außenpolitik des Irak

Wie oben bereits erwähnt, herrschen sowohl beim Regime wie auch beim Volk eine große Antistimmung gegenüber der UNO, die als Instrument der USA und Großbritanniens gilt. Man setzt deshalb sehr auf die Wiederbelebung guter bilateraler Beziehungen zu den wichtigen Ländern des Westens. Explizit genannt werden dabei Länder wie Frankreich, Italien und Spanien. Vor allem die Beziehungen zu den USA möchte man wiederbeleben, trotz all der Schwierigkeiten. Außenminister Aziz hat darauf aufmerksam gemacht, dass verbesserte Beziehungen zu den USA der Dreh- und Angelpunkt der irakischen Außenpolitik sind. Man verlangt zwar mit der bedingungslosen Aufhebung der Sanktionen einseitige Schritte vom Westen, was unrealistisch ist. Das ist jedoch als ein Zeichen zu werten, dass man sehr an Verhandlungen interessiert ist, die in der Regel mit Maximalforderungen begonnen werden. Sollte der Westen weiterhin nicht verhandlungsbereit sein, besteht die Gefahr einer revisionistischen Politik und der Erhöhung des Störpotentials im Rahmen der Politik des Nahen Ostens. Das wiederum könnte die sogenannten ›Hardliner‹ in der US-Administration stärken, die für einen harten Eindämmungskurs stehen (neue Luftschläge).

Der Irak hat in den letzten Jahren schon gewaltige Anstrengungen unternommen, um seinen Ruf in der Region zu verbessern. So wurden jüngst Freihandelsabkommen mit Ägypten, Irak, Libyen und Syrien abgeschlossen, zumeist bilateral. Weiterhin wird den alten strategischen Allianzen mit dem Osten hohe Priorität eingeräumt. Vor allem die bilateralen Beziehungen zu Russland und China werden gepflegt, also zu Ländern, die ihrerseits daran interessiert sind, durch besondere Beziehungen mit den sogenannten ›rogue states‹ die Politik des Westens einzudämmen oder zu stören. Sicherlich ist der Irak an solchen Beziehungen mehr aus taktischen Gründen und aus der Situation der Hilflosigkeit heraus interessiert. Auf der anderen Seite gibt es z. B. bei den irakisch-russischen Beziehungen die Tendenz zu mehr und mehr wirtschaftlichen Verflechtungen. So haben die Irakis mit einer russischen Ölfirma jüngst Dienstleistungsverträge abgeschlossen. Es geht also zunehmend nicht mehr nur um strategische und taktische Beziehungen.

Die Erneuerung der Beziehungen zur Bundesrepublik Deutschland gehört zu den wichtigsten außenpolitischen Zielen der irakischen Regierung. Die Deutschen haben nach wie vor einen ausgezeichneten Ruf in diesem Land, wenngleich kleine Zugeständnisse, wie das nunmehr anstehende Geschäft mit der Opel AG (Lieferung von 9000 PKW über Tunesien) das Eis noch nicht brechen können. Aufgrund der guten wirtschaftlichen Beziehungen aus früheren Zeiten und der Abhängigkeit der Industrie von deutschen Produkten (Ersatzteile etc.) halte ich es für nicht ausgeschlossen, dass im Falle einer Verbesserung in den deutsch-irakischen Beziehungen der Bundesrepublik eine relativ einflussreiche Stellung zufallen könnte. Das hängt aber davon ab, inwieweit die Bundesrepublik

Deutschland sich bei dem Prozess der Reintegration des Irak in die Weltgemeinschaft engagieren möchte.

Zu prüfen wird sein, inwiefern hierbei moralische Kategorien im Wege stehen dürfen. Es steht fest, dass es in den offiziellen und offiziösen Äußerungen seitens des Irak kein Anzeichen einer kritischen Reflexion des eigenen Handelns in der Vergangenheit gibt. Nur zwischen den Zeilen kann man erahnen, dass zumindest auf der Ebene der ›survivors‹ – dazu zähle ich die langjährigen Bürokraten, die seit Jahrzehnten dem irakischen Staat dienen, wie der Vertraute des Außenministers Aziz, der einstige Botschafter in der Bundesrepublik Dr. Al-Hashimi – durchaus Zweifel an der Richtigkeit der Politik Saddam Husseins gehegt werden. Den Anteil der Pragmatiker in der Regierung stufe ich deshalb als sehr hoch ein. Immer wieder sagten die Gesprächspartner, sie seien bereit, ein neues Kapitel aufzuschlagen (Außenminister Aziz: ›Wir sind bereit, jeden Tango zu tanzen.‹). Deshalb sollte das Angebot, inoffizielle Gespräche auf unterer Ebene zu führen, durchaus ernsthaft in Erwägung gezogen werden. Das sollte nicht per se von einem Bedingungskatalog abhängig gemacht werden, der im Einklang mit den Grundsätzen der bisherigen Irak-Politik steht (Demokratisierung, Abrüstung etc.). Das könnte man sicherlich gut begründbar nachschieben. Als Gesprächsinhalt bietet sich u. a. die Vereinbarung über ein Kultur- und Hochschulabkommen an.

Fraglich ist aber, wie sich eine derartige Tauwetterpolitik in den gesamteuropäischen bzw. transatlantischen Kontext einbinden ließe. Hier beginnen die Probleme, da der Komplex Irak – wie oben ausgeführt – zuerst Sache zwischen den Amerikanern und dem Irak ist, zum zweiten eine Sache zwischen den ständigen Mitgliedern des Sicherheitsrates und dem Irak. Die indirekte Einfluss der Bundesrepublik Deutschland mag deshalb zunächst eher gering sein. Dennoch sollte der Versuch nicht ungenutzt bleiben, die sogenannten ›Tauben‹ in Washington zu unterstützen und auf eine Entspannung hinzuwirken. Aber auch die besonderen Beziehungen zu Russland könnten hierbei genutzt werden.

Schlussbemerkung

Der Westen muss sich klar werden, dass im Falle des Beibehaltenes der jetzigen Politik der Hauptverlierer auf absehbare Zeit nach wie vor das irakische Volk sein wird. Deshalb darf man schon fragen, inwiefern diese ›moralische‹ Politik wirklich moralisch ist. In jedem Falle sollte die Bundesrepublik ihren maximalen Einfluss geltend machen, damit sich in Washington nicht die sogenannten ›Falken‹ durchsetzen und eine neue Runde der militärischen Konfrontation eingeleitet wird. Letzteres wäre die kostspieligste und unvernünftigste Variante.

Berlin, den 25. Juni 2001, Siegfried H. Seidl

Dienstag, 26. Juni 2001

Der ›Sicherheitsberater‹ von Bundeskanzler Gerhard Schröder (SPD), Ministerialdirektor im Kanzleramt Michael Steiner, hat mir tatsächlich die Möglichkeit zu einer persönlichen Unterredung eingeräumt. Ort: Das neue Bundeskanzleramt an der Spree. Ich fuhr also heute in die Tiefgarage der neuen Machtzentrale, die erst vor wenigen Monaten den vollen Betrieb aufgenommen hat, um von dort für das Gespräch abgeholt zu werden.

Dieses Bundeskanzleramt ist ein weitläufiges und äußerst nüchternes Gebäude. Die hellblau-hellgrün eingefärbten Stahlinstallationen und Fenster im Innern üben einen ambivalent kalt-warmen Einfluss aus. Es ist alles geradlinig, nur an den Aufzügen gibt es konvexe Türen, denen allerdings jegliche Eleganz fehlt. Soweit zum Äußeren.

Das rechteckige und mit riesigen Glasfenstern versehene Büro von Michael Steiner ist genauso nüchtern und sachlich gehalten. Schröders Mann für die Außenpolitik zog sein schwarzes Sakko über, als ich den Raum betrat. Mein erster persönlicher Eindruck war: Der Mann wird seinem Namen gerecht: Er wirkt wie ein Stein. Er ließ keine weichen, einladenden Bemerkungen fallen, die man von einem Diplomaten erwartet hätte, sondern eher ein paar ›Spitzen‹. Auf meine Bemerkung, das seien doch schöne Räume geworden, schoss er zurück: ›Schreckliche Räume.‹ Der anwesende Mitarbeiter Steiners sagte am Rande des Gesprächs dann schmunzelnd, das bekämen alle Gäste zu hören.

Punkt 15.00 Uhr nahmen wir Platz, der Mitarbeiter machte sich bereit für seine Notizen. Steiner schaute mich an und fragte, wohl noch in Gedanken an andere Sachverhalte: ›Was kann ich für Sie tun?‹ Wie in einem der amerikanischen

Detektivkrimis von Ross McDonald. Ich war über die Distanz, die er von Anfang an aufbaute, etwas überrascht. Das Thema stand doch bei der Einladung fest, dachte ich.

Nun gut, ich begann mit meinem Bericht von der Irak-Reise. Nach einigen Bemerkungen erwartete ich Rückfragen, Zeichen von Interesse. Nichts. Nur: ›Was sagt er denn nun, der Aziz?‹ Ich holte gerade Luft zum Antworten, da klingelte das Telefon.

Mein Gesprächspartner setzte sich sogleich an seinen Schreibtisch und begann ein Gespräch mit ›Gernot‹, vermutlich Gernot Erler von der SPD-Bundestagsfraktion. Sie besprachen etwas über Mazedonien und die Linie der Bundesregierung im Bundestag. Nach eine Weile kam Steiner – immer noch gedanklich abwesend – zurück. Ich berichtete weiter von dem Gespräch mit Aziz in Bagdad und ließ dabei einige Bemerkungen meines Memorandums, das ich ihm bei dieser Gelegenheit überreichte, einfließen. Wie zum Beweis der Tatsache, dass ich auch wirklich mit Aziz persönlich gesprochen hatte, übergab ich ihm ein Foto von der Begegnung. Steiner nahm es schmunzelnd zur Kenntnis.

Dann hob er an: Es sei so, dass sich die Bundesregierung mit dem Irak einfach nicht befassen könne. Man könne da und dort, bei einer Reihe von Dingen, wider den Stachel löcken, aber nicht überall, wo es Kontroversen gebe. Beim Thema Irak würde das eben enden. Es gebe viele Dinge, die man anders machen wolle als die Amerikaner, aber das sei inzwischen genug. Wenn man sich auch noch mit dem Irak zu beschäftigen beginne, dann sei das einfach zu viel. Man müsse den ›Konservativen‹ – womit er offenbar die CDU/CSU-Opposition im Deutschen Bundestag meinte – hier nicht auch noch eine weitere Vorlage liefern. Sicher gebe es das Interesse der deutschen Wirtschaft, aber da könne man eben nichts machen. Auch informelle Gespräche auf unterster Ebene lehne er, jedenfalls was seine Person betreffe, ab.

Ich sagte, es sei wichtig, sich wenigstens in den Bereichen Kultur und Bildung zu engagieren. Er erwiderte, da gebe es Jemanden vom Auswärtigen Amt in Bagdad, der spreche doch mit den Leuten. Selbstverständlich dürfe man die irakischen Menschen nicht daran hindern, dass sie sich frei entfalteten. Ich schilderte daraufhin die Schwierigkeiten in der praktischen Umsetzung, doch er schien kein Ohr für dieses Thema zu haben. Seiner Meinung nach ist der Fall Irak allein Sache der Amerikaner, mit denen man übrigens keinen Tango tanzen könne (in Anspielung auf das Aziz-Zitat: ›Wir tanzen jeden Tango.‹) Die Bundesrepublik könne sich mit diesem Thema einfach nicht befassen.

Wir sprachen dann noch über meine Reise nach Serbien. Steiner amüsierte sich über meine Reiseziele: ›Das gefällt ihnen also, die ganzen Schurkenstaaten abzuklappern?‹ Ich erwiderte – etwas hilflos über diese meiner Meinung nach unpassende Bemerkung –, dass ich mich leidenschaftlich für Außenpolitik interessiere und das Thema Irak nun einmal wichtig sei in der Weltpolitik. Er lachte und wiederholte, sie könnten da nichts machen. Das sei Konsens mit Schröder. Er wünsche mir viel Spaß bei weiteren Reisen dieser Art. Das Memorandum nehme er dankend zur Kenntnis.

Das Gespräch beim Kanzlerberater Michael Steiner zum Thema Irak endete nach vierzig Minuten. Ich fand es sehr technokratisch, oder mit anderen Worten: kurz und prägnant. Die Botschaft, die ich vernahm, lautete: Das Land Irak scheint es in der deutschen Außenpolitik schlicht nicht zu geben. Mir wurde klar, dass es deshalb auch keine deutsche Irak-Politik geben könne.

Epilog: Berlin, 26. November 2001:

Wie soll man denn eine gemeinsame Lösung finden, wenn jeder auf seinen Maximalpositionen beharrt und nicht einmal zu erkennen gibt, dass man über Spielräume verfüge? Die Frage auf westlicher Seite lautet: Soll man, ja kann man mit einer Diktatur verhandeln? Die Frage auf irakischer Seite lautet: Will man mit dem Westen überhaupt verhandeln?

Wie kann man nun Bewegung in diese Sache bringen, welche Hausaufgaben müssten zunächst gemacht werden?

1. Reise

2. Reise

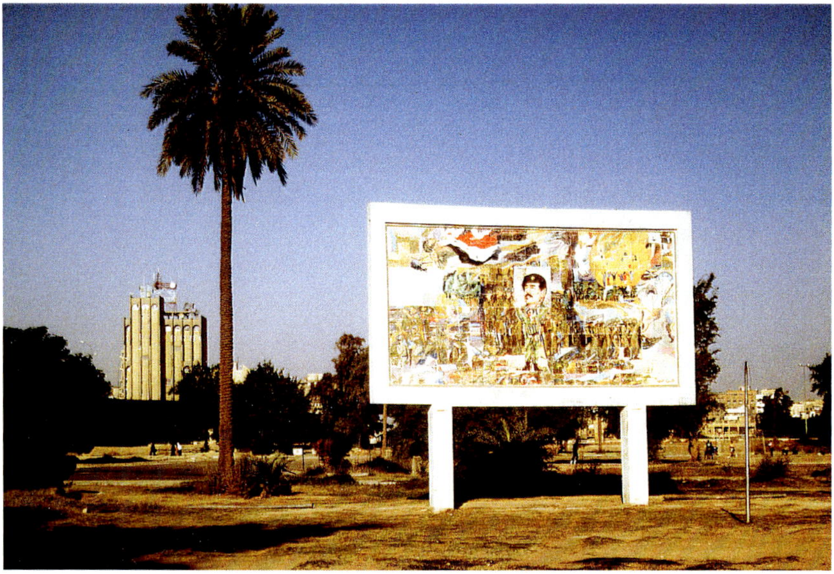

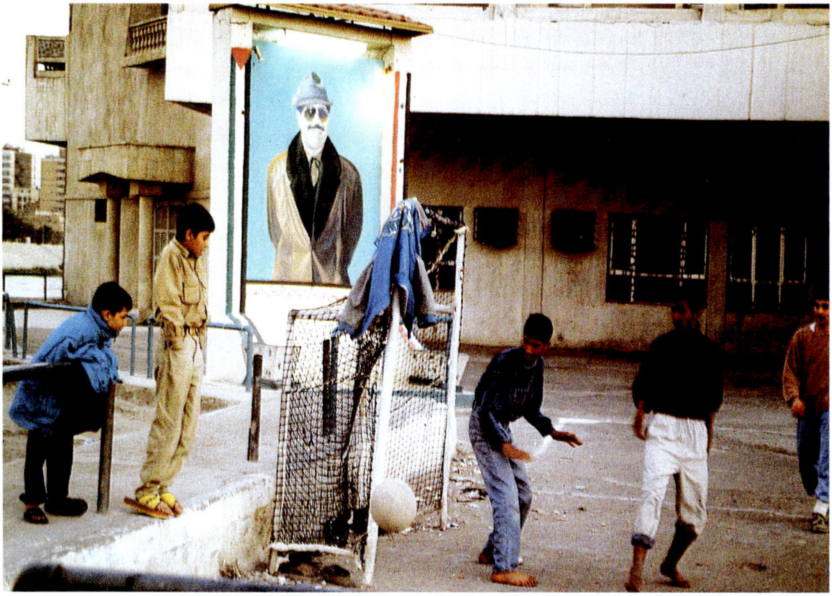

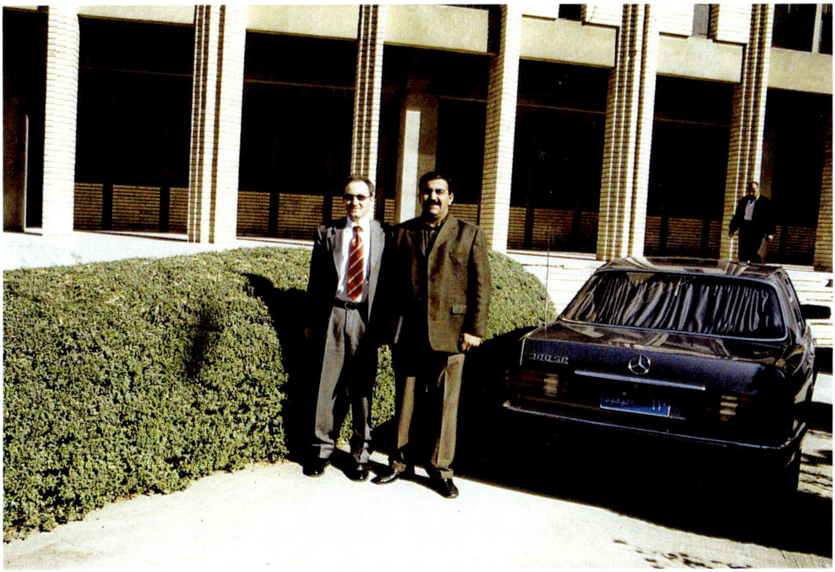

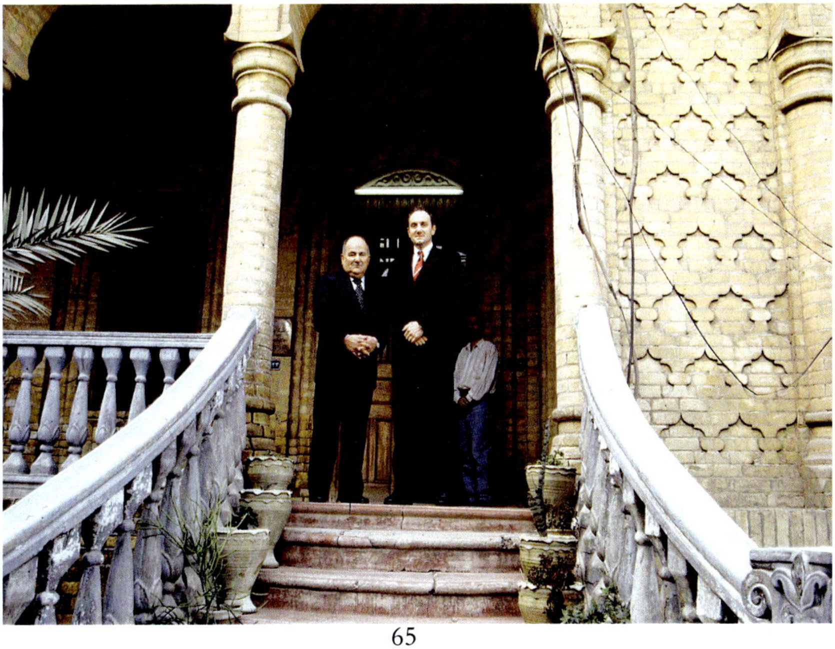

Informelle Gespräche in Bagdad

Tagebuch einer Informationsreise vom 18. bis zum 25. November 2001

Sonntag, 18. November 2001

Diese Stadt ist skurril. Ich sitze jetzt, da ich mit diesem Tagebuch beginne, im Restaurant des Hotels *Al Mansoor*, in dem ich seit gestern Morgen wieder untergebracht bin, und warte auf eine der Dutzend Bediensteten, um eine Tasse Tee zu bestellen. Gerne würde ich das Getränk in dem arabischen Teesalon gleich nebenan genießen. Aber dort gibt es keine Tische, sondern nur superweiche Sessel und niedrige Blechtische, die eine tellerförmige Oberfläche haben, also nicht als Schreibfläche geeignet sind. Es kommt auch nach Minuten niemand. Ich rufe einen Bediensteten mit ›Hallo‹. Er erklärte mir, dass ich hier keinen Tee und auch nichts anderes trinken könne, da dies nur ein Restaurant zum Essen sei. Gut, ich versuche mein Anliegen zu verdeutlichen und dass ich andererseits gerne in den Salon gehen würde. Als ich sehe, wie aussichtslos mein Begehren ist, gebe ich es auf. Nach zwei Minuten kommt er zurück, um mich ernsthaft zu fragen, ob ich eine Tasse Tee trinken wolle, so als habe es nie ein Problem damit gegeben. Ja, antworte ich verwundert. – Jetzt sind schon mindestens fünf Minuten vergangen, der Tee kommt aber nicht. Ok., vergessen wir die Geschichte.

Diese Reise knüpft an den Direktflug nach Bagdad im Juni dieses Jahres an. Da ich – wie immer – mit dem Packen und den Dingen, die keinen Aufschub mehr duldeten, im Stress war, gestaltete sich der Vormittag ziemlich hektisch. Bis zum Mittag war ich beschäftigt, Papiere aus- und einzusortieren, die ich mitnehmen wollte. Ich bestellte ein Taxi, das mich bequem zum Flughafen Schönefeld bringen sollte.

Der Taxifahrer in dem alten 200er Diesel-Mercedes sagte, es habe in Schönefeld heute schon ›Bombenalarm‹ gegeben. Als wir ankamen, war davon nichts zu sehen. An diesem trockenen Novembertag war nicht viel los am Flughafen. Lustigerweise filterten sie mich an der Sicherheitskontrolle heraus, da ich in der Geldbörse meinen hundert Jahre alten Nagel von dem früheren Parkettboden meiner Jugendstil-Altbau-Wohnung mitgeführt hatte. Ein Andenken an die viele Arbeit mit der Wohnung.

Ich wusste noch nicht, wie ich von Damaskus nach Bagdad kommen sollte, deshalb hatte ich eine nicht kleine Summe an US-Dollarnoten bei mir. Vieles war heute also anders, was mich beunruhigte. Im Innersten musste ich auf meine Fähigkeiten und Erfahrungen vertrauen. Das Flugzeug der *Syrian Air* war nicht voll besetzt. Viele Österreicher konnte man beim Sprechen erkennen. Sie stiegen in Wien aus, wo das Flugzeug etwa eine Stunde Pause machte.

Inzwischen wurde es dunkel. Es stiegen kaum Leute zu. Ich zählte die Passagiere, es waren, ohne die Crew, ein wenig mehr als ein Dutzend, fast nur Araber. Ich nickte ein. Um 20.30 Uhr Ortszeit, eine Stunde vor der Mitteleuropäischen Zeit, landeten wir in Damaskus. Die Ausweiskontrolle war unproblematisch. Überall hingen hier die überlebensgroßen Bilder der syrischen Präsidenten, also des älteren und unlängst verstorbenen Hafiz Al-Assad, und dessen Sohn Baschar Al-Assad, der ihm im Amt gefolgt war. Da gab es keine großen Unterschiede zum Saddam-Kult im Irak.

In der Empfangshalle klemmten sich die ersten ›Helfer‹ an mich, die auf Dollars aus waren. Ich suchte die *Syrian Air*. Dort war aber schon alles dicht am heutigen Abend. Zufällig blickte ich auf die Departure-Anzeige-Tafel. Obenauf blinkte das ›Boarding‹ bei ›Baghdad‹, Abflug 21.30 Uhr. Es war jetzt 21.20 Uhr. Wenn ich das gewusst hätte! Für den Anschlussflug war es zu spät, wie mir dämmerte. Das Reinigungspersonal ließ mich als letzten Fluggast in die Abflughalle. Dort geisterte es, so leer war sie.

In einem seitlichen hinteren Büro saßen die Männer, die für den Bagdad-Flug zuständig waren. Mir wurde zugesichert, dass ich auf jeden Fall morgen mit der Maschine um die gleiche Zeit nach Bagdad fliegen könne, für 310 US-Dollar hin und zurück. Ich solle mich um 19 Uhr hier einfinden.

Ich überlegte, denn trotz der relativ bequemen Anreise wäre damit ein ganzer Tag verloren. Ich ging zum Taxischalter, um mich nach den Hotel- und Taxipreisen zu erkundigen. Hotels: 2 bis 200 USD. Taxis: Nach Bagdad könne er mich auch bringen. Da müsse man aber zu einer Stelle, die *Sei de Seinam* hieße. Dieser Punkt liege etwa siebzehn Kilometer von hier entfernt. Ich wollte wissen, was das alles zusammen kosten würde : 10 USD zum Taxistand. 160 USD nach Bagdad. Das war mir zu teuer. Er wollte bzw. konnte darüber aber nicht verhandeln.

Die Fahrt zum Taxistand sollte ich dennoch für 5 USD bekommen. So stieg ich letztlich in seinen Jeep. Nach etwa 15 Minuten auf einer mehrspurigen Straße, vorbei an einem unheimlich leer wirkenden Vergnügungspark, bog der Fahrer in eine schmale und sehr belebte Seitenstraße, in der das typische arabische Straßenleben tobte. Leute sprangen über die Straße, Autos rangierten, bremsten, hupten. An einer Abbiegung stand ein Eckhaus, vor dem ein orange-weiß-lackierter amerikanischer Schlitten – eine Chevrolet Caprice neueren Baujahrs – und ein großer orange-weißer Landrover geparkt waren. Das Taxibüro.

Ein buckeliger Straßenkreuzer aus den 50er Jahren fuhr aus einer Parklücke heraus und streifte uns fast. Mein Taxifahrer bestand auf 10 USD für die Fahrt vom Flughafen hierher. Ich konnte nichts machen. Nach kurzer Zeit standen etwa vier bis fünf Araber um mich herum, die offensichtlich allesamt zum Taxibüro Damaskus-Bagdad gehörten. Ein älterer gesetzter Mann mit einer dunklen, ledrigen Haut führte die Verhandlungen, vermutlich der Chef. 160 USD wollte er. Ich sagte: 80 USD sind genug. Ich ging dann auf 100 USD. Wir einigten uns auf 110. Das war für die 10-Stunden-Fahrt durch die Wüste mehr als akzeptabel.

Sofort stellte man mein Gepäck in den Laden. Ich wurde in ein hinteres kleines Zimmer, eine Art Büro, geführt. Dort sollte ich mich setzen. Man stellte mir einen Heizlüfter vor die Füße und bot mir einen Tee an. Es war tatsächlich kalt geworden, vielleicht waren es fünf Grad Celsius. Wir warteten. Ich dachte an mein Gepäck im vorderen Laden, aber der ›Chef‹ sagte, er garantiere hier für meine Sicherheit, da brauche ich nicht nachzudenken. Er war sehr nett, nachdem er die zwei Dollarnoten (ein neuer Hunderter und ein neuer Zehner) in seiner Hand knistern hörte. Nach einer Weile wurde ein junger Fahrer herbeigeschafft, der ausgeschlafen sein sollte. Er sah aber verschlafen aus. So sollte mich Mr. Wuhalid, so stellte man ihn mir vor, nach Bagdad bringen. Er sprach kaum ein Wort Englisch.

Um 22.45 Uhr Ortszeit fuhren wir im Caprice los. Das Fahrzeug war ok. Hinten waren ein Kissen und eine Decke zum Schlafen eingelagert. Der Fahrer hörte im Radio längere Zeit arabische Gebetsmusik. Nach einem Zeichen von mir drehte er ein wenig leiser. Die Fahrt war dann erträglich. Zunächst führte die Straße durch bebautes Gebiet. Sie war allerdings wie leergefegt um diese Zeit, wie in einer Geisterstadt. Nach Stunden kamen wir zur syrischen Grenze. Das ist ein überdachter Betonkomplex mit den üblichen Absurditäten an den Grenzen armer Länder, zum Beispiel dass die ersten bewaffneten Grenzposten barfuß waren. Wir ließen das Auto zurück und gingen über einen verschlungenen Weg in ein Gebäude, etwa fünfzig Meter abseits. Es war wirklich sehr kalt hier draußen.

In der schmutzigen Halle gab es zwei bis drei Schalter. Das waren kleine Glasfenster mit Schlitzen, hinter denen die Papiere auf alten Tischen bearbeitet wurden. Vor dem Fenster schien es keine Reihenfolge zu geben. Die in dicken Stoff gekleideten und manchmal mit einem roten Kopftuch verhüllten Männer drängten sich gegenseitig vor. Alle redeten durcheinander. Hinten im Raum saßen ein paar Uniformierte, die sich langweilten. Mr. Wuhalid nahm nach einer gewissen Wartezeit unvermittelt meinen Reisepass, um irgendwohin zu verschwinden, so dass ich ihn aus den Augen verlor. Innerlich stieg mir der Schweiß auf die Stirn, aber man musste diesen Leuten einfach vertrauen. Er wollte mir nur helfen, damit es schneller ging. Trotzdem mussten wir hier etwa eine halbe Stunde warten, wobei die -- entscheidende – irakische Grenze erst in dem noch fernen Wüstensand erleuchtete. Ich dachte an die polnisch-ukrainische Grenze und stellte mich innerlich auf alle Schikanen ein. Doch es kam anders, und das hatte mit meinem Visum zu tun. Ein extra Vermerk in Arabisch in meinem Reisepass bestätigte, dass ich als Gast auf Einladung in den Irak komme. So musste ich auch den dubiosen ›Aids‹-Test nicht vorweisen. Statt dessen bekam ich einen weiteren bedeutungsschwangeren Stempel in mein Reisedokument.

Auf der Kontrollrampe hielt gerade ein Bus neben uns. Die Insassen mussten das Fahrzeug völlig entleeren. Das Gepäck wurde einzeln in einer Halle untersucht. In schmutzige Tücher gehüllte Männer kamen zu unserem Wagen. Nach ein paar Worten des Fahrers wollten sie nur in den Kofferraum schauen. Ich musste mein Gepäck nicht öffnen. Ich schaute mich auf dem Gelände um. Auf der anderen Seite der Anlage standen eine Reihe von Lkws, die heute nicht mehr abgefertigt wurden. Nach einer halben Stunde Aufenthalt ging es los. Wir mussten noch tanken. Dabei suchte ich eine Latrine auf, um meine Blase zu erleichtern. Das war ein stinkendes Loch mit Fliesen drumherum. Alles völlig verschmutzt. Ich bewunderte den Fahrer, der ohne Schlafpause durchgefahren war, zumal auf der nun beginnenden Autobahn nichts los war. Diese Autobahn war bemerkenswert. Sogar die Seitenbegrenzungspfosten wurden fein säuberlich in kurzem Abstand gesetzt. Alle 10 bis 20 km zierten Autobahnbrücken den Highway, obwohl es hier nur Wüste gibt. Die deutsche Blaupause.

Nachdem ich das Firmament mit den vielen Sternschnuppen beobachtet hatte, nickte ich ein. Ich legte eine Decke über die Beine...

Soweit mein erster Tagebucheintrag. Darüber ist die Zeit in diesem Hotel-Restaurant, indem ich es mir bequem gemacht habe, hinweg gegangen. Jetzt ist es 18.30 Uhr. Da ich mich für eine Vortragsveranstaltung noch fertig machen muss, kann ich von meiner Anreise nicht zu Ende berichten. Die Easy-listening-music aus den frühen 70ern klingt angenehm in meinen Ohren. Der mit 40 Minuten verspätet servierte Tee ist verzehrt.

Montag, 19. November 2001

Kommen wir zurück auf die Anreise: ... Der Himmel verfärbte sich langsam von schwarz zu dunkelblau, dann zu azurblau. Am Horizont erschien ein orangefarbener Streifen, der immer breiter wurde. Der Sonnenaufgang stand bevor. Mein Fahrer steuerte die nächste Raststätte an, um ein wenig auszuruhen. Er wirkte sehr müde. Dennoch hielten wir nur etwa fünfzehn Minuten auf dem Parkplatz vor einer ›Gaststätte‹. Hinter uns standen Dutzende großer LKW-

Sattelschlepper, fast ausschließlich orangefarbene ›1924‹-Mercedes-Benz-Kurzhauber.

Plötzlich fielen Schatten hinter die Lastwagen. Die Sonne war aufgegangen und die Nacht dem Tag gewichen. Ich schlief dennoch weiter auf dem Rücksitz des Autos. Der Fahrer weckte mich, als der Verkehr dichter wurde und erste Häuser auftauchten. Wir waren in Bagdad angekommen. Dennoch dauerte es noch eine gute Stunde, ehe wir das Hotel erreichten, denn Bagdad ist eine weitläufige Stadt. Die Anfang der 80er Jahre errichtete Stadtautobahn hat High-Way-Charakter.

Bagdad ist graubraun und staubig. Es ist viel Verkehr auf den Straßen, die Leute hupen gerne. Die vielen Autos der Marke VW Passat Coupé, ein Massen-Modell aus den 70er Jahren, fallen auf. Oft sind sie orange-weiß-lackiert. Zusammen mit den alten amerikanischen Schlitten aus den 70ern und 80ern prägen sie das Straßenbild. Ampellichter zählen hier nicht. Eine derartige Verkehrsregelung ist offensichtlich vergeblich. Manchmal wird der Kreuzungsverkehr von Polizisten geregelt. Unglaublich, wie lange die Autos hier benutzt werden. Ich sah einen Opel Kapitän und einen Mercedes aus den 50er Jahren, beide so stark verspachtelt, dass die Karosse wie geglättetes Knitterpapier aussah, aber voll funktionstüchtig. Es gibt hier keinen Rost, die Leute halten die Autos ewig instand.

Vor dem *Al-Mansoor-Hotel* verabschiedete ich mich von dem Taxifahrer, der es eilig zu haben schien. Es war jetzt 9.30 Uhr Ortszeit (das entspricht 8.30 Uhr syrischer Zeit, 7.30 Uhr deutscher Zeit). Meine Augen brannten. Ich hatte das Bedürfnis, auszuruhen, obwohl ich die meiste Zeit im Auto vor mich hin gedöst hatte. Schnell checkte ich an der Rezeption ein.

Hier fand zu der Zeit eine Internationale Konferenz der Föderation des irakischen Frauensport-Verbandes statt. Außerdem waren die Sportler des ›4. Internationalen Saddam-Taekwondo-Wettkampfes‹ untergebracht. Im Rezeptionsbereich waren die üblichen Empfangskommittee-Tische aufgestellt. Dutzende von Helfern, Funktionären und anderen Leuten tummelten sich um diese Tische, ständig schien irgend etwas am Laufen zu sein.

An der Rezeption hinterließ ich meinen Reisepass. Ich nahm den Schlüssel für das Zimmer Nr. 304 und fuhr mit dem Aufzug in den dritten Stock hinauf. In dem kleinen Apartment machte ich es mir zunächst bequem. Ich räumte alles in die Schränke und auf die Ablage. Die Aussicht war dieselbe wie bei meiner Unterkunft im Juni diesen Jahres, als ich ebenfalls in diesem Hotel untergebracht war. Ich sah auf die neu gebaute Tigris-Brücke mit den Eis-Armierungen und auf die Stadt.

Etwa um 10 Uhr rief ich im Büro von Dr. Al-Hashimi an, um mich anzumelden. Es ging ein gewisser Karim an den Apparat. Sein vollständiger Name ist A. Karim M. Tahir, ›Information Director‹ der ›Organisation für Freundschaft, Solidarität und Frieden‹, die vom Informationsministerium abhängig ist. Karim teilte mir mit, dass man schon gestern mit meiner Ankunft gerechnet habe, aber vergeblich am Flughafen gewartet hätte. Ich erklärte die Situation.

Mein Gesprächspartner kündigte an, zum Hotel zu kommen. Eine halbe Stunde später ging ich in die Hotellobby. Ein großer gut gebauter Mann mittleren Alters mit Schnauzer stellte sich in fließendem Englisch als Karim vor; sein Name heiße übersetzt soviel wie ›generous‹. Er sei Journalist und arbeite in außerordentlichen Fällen für Dr. Al-Hashimi, wenn es gelte, Gäste zu betreuen. Er sei von nun an mein Ansprechpartner. Mir stünde ein Fahrer zur Verfügung. Dann wollte er meine genaue Funktion, meinen Beruf und meine Wünsche wissen.

Ich improvisierte ein wenig, indem ich zwar meine politische Funktion nicht verschwieg, aber jeden Eindruck vermied, hier irgendwie offiziell unterwegs zu sein. Karim regte an, etwas zu essen. Gegen 12.30 Uhr würden er und der Fahrer am Eingang warten. Ich duschte, zog einen Anzug an und ging ins ›Business-Center‹ im ersten Stock, um mit meiner Mutter zu telefonieren. Meine Mutter rief zurück. Wir führten ein kompliziertes Gespräch, da sie sehr traurig und melancholisch war. Sie weinte sogar, so sehr habe sie Angst um mich, wenn ich nach Bagdad fahre.

Das beunruhigte mich ein wenig, aber was sollte ich tun? Insgesamt brauchte ich fünf Minuten Zeit für die Anrufe. Eine Minute kostet 2 USD plus 3000 Dinar (etwa 1,8 USD), das sind umgerechnet immerhin etwa 9 DM!). Bei der Bank neben dem Eingang wechselte ich meine ersten Dollarnoten in Dinar um (Kurs: 1,00 USD = 1.800 Irakische Dinar). Da bekommt man einen ganzen Stapel Papiernoten à 250 Dinar, wenn man auch nur 10 USD umwechselt. Für 100 USD bräuchte man schon eine Tasche. Ärgerlicherweise passt das Papier nicht in eine europäische Geldbörse, weil die Scheine zu groß sind. Münzen gibt es schon länger nicht mehr.

Gegen 13 Uhr fuhr eine anthrazitfarbene Mercedes-Limousine der S-Klasse aus den 80ern vor; der hintere Teil war mit dunklen Vorhängen versehen. Der Fahrer namens Ismail öffnete die hintere Tür. Wir fuhren etwa 10 Minuten. Die ›Organisation‹ des Herrn Dr. Al-Hashimi ist in einem wunderschönen alten Backsteinhaus, das etwa 120 Jahre alt ist, untergebracht. Innen ist es im Gegensatz zur Außenfassade nicht renoviert.

In einem mit alten Möbeln versehenen Büroraum residiert Dr. Hashimi, der mich wie einen guten Bekannten in Empfang nahm. Wir saßen vor seinem unaufgeräumten Schreibtisch und begannen mit einem Small Talk. Al-Hashimi erzählte, dass die Organisation schon 1959 gegründet worden sei und damals Mitglied des ehemals kommunistisch orientierten Weltkongresses für Solidarität gewesen sei.

Dann wollte er wissen, was mich interessiere, damit er mit der Planung der Termine beginnen könne. Ich wiederholte meine bereits schriftlich eingereichten Wünsche: Ministerien für Öl und Wirtschaft, Parlament, Universität. Er setzte mich davon in Kenntnis, dass er am Donnerstag nach Moskau zu einem Symposium reise. Bei dieser Gelegenheit sah ich auf eine Videokassette in seinem Bücherregal mit der kyrillischen Aufschrift: ›LDPR – Schirinowsky‹, die mich zum Schmunzeln brachte. Ich wollte das nicht kommentieren, da ich ja um die guten Kontakte des irakischen Regimes mit diesem Rechtsextremisten Bescheid wusste. Zur Not frisst der Teufel Fliegen, fiel mir dabei nur ein. Dabei ist Al-Hashimi sicher kein Extremist wie Schirinowski, sondern einfach ein ›survivor‹ im Baath-System des Irak, ein nützlicher ehemaliger Berufsdiplomat und Bürokrat: Er war von 1984 bis 1987 irakischer Botschafter in Bonn.

Er wollte von meinen Gesprächen in Berlin nach der Juni-Reise wissen. Ich sagte, dass ich ein Gespräch mit dem außen- und sicherheitspolitischen Berater von Kanzler Gerhard Schröder, Michael Steiner, geführt hätte *(Steiner war in diesen Tagen wegen der sog. Kaviar-Affäre von seinem Amt zurück getreten; ein Nachfolger stand noch nicht fest)*. Ich versuchte ihm zu erklären, warum der Irak zur Zeit keine hohe Priorität in der deutschen Außenpolitik habe. Er horchte zu, während Karim anfangs einige Aufzeichnungen machte. Als die Unterhaltung durch Anrufe mehrmals unterbrochen wurde, verloren wir zeitweise den Faden. Das war keine gute Atmosphäre, aber Al-Hashimi hatte wohl Einiges zu organisieren.

Ich hatte ihn durch meine offenen Ausführungen zu den deutsch-irakischen Beziehungen neugierig gemacht. Er stand bald auf und sagte, ›Ok., Sie müssen sich jetzt ein bisschen ausruhen und wir müssen Termine festmachen. Deshalb schlage ich vor, dass wir uns um 19.30 Uhr wieder hier treffen, um die Unterhaltung fortzuführen.‹ Man brachte mich ins Hotel. Ich nutzte die Pause, um mich hinzulegen. Es war bis jetzt also noch nichts organisiert worden, dachte ich. Was hatte das zu bedeuten? Wollte man eine Spannung erhalten? Oder lag es einfach an der Art, wie die Araber die Dinge einfädeln? Gut, ich war hier vor Ort. Die Woche würde zeigen, was die gefährliche Reise nach dem 11. September 2011 brachte.

Ich nutzte die Zeit, um mit dem Aufzug im Hotel zum letzten Stockwerk zu fahren für einen besseren Überblick über die Stadt. Unter dem Dach war bis vor einigen Jahren eine Diskothek untergebracht, die in Bagdad einige Berühmtheit erlangt hatte. Ich habe gelesen, dass der Präsidentensohn Udday Hussein hier seine ›Bräute‹ abgeschleppt habe, was zu einigen Skandalen geführt haben soll. Jetzt sieht das Stockwerk aus wie eine Ruine. Die schwarze Einrichtung unter dem Staub erinnert an den Stil der 70er Jahre. Das Hotel wurde etwa 1977 gebaut, diese Jahreszahl steht zumindest auf dem von einer deutschen Firma installierten Schild in dem Aufzug. Die Glastür zur eigentlichen Disco war verschlossen.

Um 19.20 Uhr traf ich mit dem Fahrer wieder bei der ›Organisation‹ ein. Wir waren ein bisschen zu früh. Man platzierte mich im Eingangsraum vor einem Heizlüfter. Punkt 19.30 Uhr betrat Al-Hashimi das Gebäude. Wir gingen in sein Büro und setzten uns vor den Schreibtisch. Er fing an, den Ramadan zu erklären. Das fand ich ein wenig seltsam. Dann begann er wieder von den Terminen zu sprechen. So etwas könne man ganz gut in den Abendstunden organisieren, denn da seien die Leute besser zu erreichen. Arbeiten die auch abends in den Büros, fragte ich mich? Mir wurde in Aussicht gestellt, alle die Leute zu treffen, an denen ich Interesse hätte. Natürlich sei auch ein Gespräch mit Tariq Aziz, dem Stellvertretenden Premierminister, vorgesehen. Das war der Durchbruch. Die Iraker schienen sich für mich zu interessieren, denn Aziz ist ein Vertrauter Saddams und eine erstklassige Quelle. Im Laufe der nächsten Minuten klingelte ständig das Telefon, wobei die Anrufe abwechselnd meine Termine und die Moskau-Reise Al-Hashimis betrafen. Ich sollte Termine bei der Universität, beim Parlament und bei den gewünschten Ministerien bekommen. Außerdem wurde mir angeboten, vor dem Komitee des irakischen ›Hauses der Weisheit‹ (›Bayt ul Hikma‹), eine Art Akademie der Wissenschaften aller staatstragenden Honoratioren dieses Regimes, über die deutsche und europäische Politik zu sprechen.

Ich habe erfahren, dass Al-Hashimi der Baath-Partei Anfang der 70er Jahre beigetreten ist. Ich erwähnte ein paar meiner Geschichtskenntnisse über den Irak, u. a. dass die Engländer die ersten gewesen seien, die hierzulande Giftgas gegen die Zivilbevölkerung eingesetzt hätten, nämlich im I. Weltkrieg. Davon wusste er nichts. Er sagte, dass 1941 für kurze Zeit in Bagdad ein den Deutschen positiv gesinntes Regime an der Macht gewesen sei, man habe damals von der ›BB-Linie‹, der Berlin-Bagdad-Linie gesprochen. Einer der Offiziere, die daraufhin von den Briten exekutiert worden seien, sei der Vater von Herrn Salman gewesen, der jetzt in Bonn im Konsulat für die Visa-Erteilung zuständig sei.

(Diesen Mann hatte ich bei meinem Besuch in der Bonner Botschaft vor einigen Wochen persönlich getroffen.)

Die Baath-Partei habe noch etwa 500.000 Mitglieder. Ihre Ideologie habe drei Säulen: 1. Pan-Arabismus. 2. Sozialismus, der jedoch vom Kommunismus zu trennen sei und auf demokratischen Grundsätzen fuße – auf meine Rückfrage, wie diese Demokratie sich äußere, bekam ich zur Antwort, Demokratie in diesem Sinne habe nichts mit Liberalismus zu tun. 3. Arabische Einheit, wobei man sich vor allem um die ärmeren Länder kümmern wolle. Die Baath-Bewegung kämpfe gegen die Kolonisierung. Deshalb habe man sich schon immer mit den Palästinensern solidarisiert.

Ich fragte ihn, wie die deutsch-irakischen Beziehungen zur Zeit seiner Akquisition in Bonn gewesen seien. Er erzählte dazu eine Episode: Als er in Paris Botschafter gewesen sei, habe er einmal eine Diskussion mit dem deutschen Diplomaten Reinhard Schlagintweit *(Anmerkung: heute Botschafter a. D., der von 1993 bis 1996, 1997 bis 1998 Geschäftsführender stellvertretender Präsident der Deutschen Gesellschaft für Auswärtige Politik – DGAP – gewesen ist)* gehabt. Er habe damals zu ihm gesagt: Deutschland habe weder feindliche, noch freundschaftliche Beziehungen zum Irak, sondern nur Beziehungen. ›Warum können wir nicht Freunde sein?‹ Das sei 1987 gewesen.

Nach dem bisherigen Terminkalender war für Morgen geplant: 11.00 Uhr Stellvertretender Ölminister; 12.30 Uhr Wirtschaftsministerium; 19.30 Uhr ›Bayt ul Hikma‹. Dann kam der Anruf von Aziz' Büro: Treffen um 10.30 Uhr. Das Ölministerium wurde auf 9.00 Uhr vorverlegt. Ich nahm das Gespräch von vorhin diplomatisch wieder auf: Es sei richtig, dass es zwischen Deutschland und Irak niemals feindliche Beziehungen gegeben habe, dass sein Land jedoch auf der Prioritätenliste der deutschen Regierung etwas nach unten gefallen sei. Das sei die Information, die ich direkt vom außenpolitischen Berater des Bundeskanzlers, Michael Steiner, erhalten habe. Diese Auffassung sei eng mit der Menschenrechtssituation im Irak verknüpft, die insbesondere bei der demokratischen Linken in Deutschland eher zu einer ausgrenzenden Haltung geführt habe. Der einzige Weg für den Irak sei die libysche Variante. Al-Hashimi wandte ein, dass man die Situation mit Libyen nicht vergleichen könne. Ich sagte, dass ich nur vom Ergebnis her argumentieren würde. Libyen unterhalte zur Zeit aufgrund der Hilfe, die es Deutschland im Jolo-Konflikt im vergangenen Jahr zukommen ließ, bessere Beziehungen zu unserem Land. Sogar unser Außenminister Joschka Fischer habe den dortigen Machthaber Muammar al-Gaddafi besucht.

Meine Meinung stimmte Al-Hashimi nachdenklich. Er fragte: Warum man nicht einfach damit beginnen könne, einen Dialog zu führen. Ich erwiderte:

Dafür gebe es ohne ein Zeichen aus Bagdad für den ›guten Willen‹ kein Interesse. Was man denn machen könne, fragte Al-Hashimi. Ich sagte, der Irak müsse in einer Sache, in der es gleiche Interessen wie Deutschland habe, eine Geste zeigen, damit das Eis breche und irgendein Dialog beginnen könne. Zum Beispiel könnte der Irak im Palästina-Konflikt mäßigend wirken und damit diplomatische Initiativen unseres Außenministers indirekt unterstützen. Er nahm es zur Kenntnis. Ich hatte den Eindruck, dass ihm persönlich sehr viel daran lag, irgendeinen Kompromiss zu erzielen.

Ich fragte ihn, ob es richtig sei, dass Saddam Hussein dieses Jahr einmal Moskau besucht hätte. (Das war eine zweifelhafte Information des russischen Duma-Abgeordneten Ostanin von der Jabloko-Fraktion, die ich kurz zuvor bei meiner Moskaureise aufgeschnappt hatte.) Er zeigte sich verwundert und verneinte dies. Das sei viel zu gefährlich für den Präsidenten. Es bestehe immerhin ein internationaler Haftbefehl gegen ihn. Ich spekulierte, eine Verhaftung Saddam Husseins würde im Irak nicht viel ändern, denn es stünde doch jedenfalls einer der Söhne von Saddam bereit, um die Staatsgeschäfte sofort zu übernehmen. Ich wollte eine Reaktion aus diesem außenpolitischen Berater des Regimes herauslocken. Doch gegen diese These verwahrte Al-Hashimi sich überraschenderweise. In der Baath-Partei gebe es so ein Prinzip nicht, vielmehr gelte das Demokratieprinzip. Saddam Hussein sei der gewählte Vorsitzende und auch dessen Nachfolger müsse sich Wahlen stellen. Ich schloss daraus, dass die Söhne Husseins in der Baath-Partei nicht sehr beliebt sind.

Ich sollte zum Hotel zurückgebracht werden. Da ich hungrig war, fragte ich nach einem guten Restaurant. Karim übermittelte dem Fahrer Ismail eine Adresse. Er fuhr mich dann zum Al-Finjan-Restaurant in der Hay Al-Wahda Straße. Das von Libanesen betriebene Lokal hat Platz für eine große Gesellschaft. Es ist fast luxuriös eingerichtet. Ein halbes Dutzend Ober schwirren an der Theke herum. Allein, ich war der einzige Gast! Der Fahrer wollte sich erst an einen Katzentisch setzen, ich beorderte ihn zu mir. Es wurde eine wunderbare Grillplatte serviert. Das Fladenbrot war unvergesslich lecker. Ich war am Ende sehr satt. Sofort ging ich zu Bett.

Dienstag, 20. November 2001

Um 9.00 Uhr morgens stand das erste Treffen mit einem hohen Regierungsbeamten auf der Tagesordnung, nämlich mit dem Stellvertretenden Ölminister Hussein S. Al-Hadithi. Die Mercedes-Limousine fuhr in das weitläufige Gelände des Ministeriums, ein ziemlich wuchtiger Komplex, laut Karim 1985 von jugoslawischen Firmen gebaut. Ich wurde in ein Vorzimmer geführt. Von dort brachte man mich in einen großen Raum. Ein sehr amtlich aussehender Herr schüttelte mir die Hand. Im ersten Augenblick dachte ich schon, das sei der Mann, mit dem ich sprechen sollte. Aber es kam anders.

Plötzlich wurde ich aufgefordert, in den angrenzenden Raum zu gehen. Das war ein Zimmer mit vielleicht siebzig Quadratmeter Fläche, also ziemlich groß. Ganz hinten stand ein überladener Schreibtisch, über dem ein großes Saddam-Bild hing. Der stellvertretende Ölminister nahm mich zusammen mit seinem Chefingenieur, Abdulilah K. Al-Amir, in Empfang, der dem Aussehen und der Kleidung nach auch als Europäer hätte durchgehen können. Letzterer sprach fließend Englisch. Das Gespräch mit dem Minister übersetzte Karim.

Der Minister war älteren Jahrgangs. Er wirkte zurückhaltend, fast bedächtig. Er erwähnte, dass Deutschland seiner Meinung nach sehr wichtig für den Irak sei. Es sei nicht direkt von der amerikanischen Politik berührt (›not effected directly‹). Vor 1990 habe es viele Projekte gegeben, vor allem im technologischen Bereich. Zum Beispiel mit dem Mannesmann-Konzern. Pipelines seien mit deutscher Hilfe gebaut worden. Ich fragte, wie viel Öl zur Zeit gepumpt werde. Er antwortete: zwei Millionen Barrel pro Tag. (Später nannte er die Zahl 2,3 Millionen.)

Er führte das Gespräch zurück zur deutschen Technologie. Beispielsweise würde man dringend Chemikalien zur Wasserreinigung benötigen oder Ersatzteile für die Elektrizitätsversorgung. In vielen Orten im Irak könne die Stromversorgung nicht sichergestellt werden. Ob ich nicht wüsste, fuhr er fort, wie viele Kinder wegen der Versorgungsengpässe schon gestorben seien. Er nannte die Zahl von 7000 pro Monat.

Ich bohrte nach, wo das Problem liege, denn nach dem Öl-für-Nahrung-Programm der UN könne der Irak prinzipiell soviel Öl fördern und verkaufen, wie er wolle. ›Theoretisch ja‹, antwortete der Minister, ›das Geld kommt über eine französische Bank wieder in den Irak zurück.‹ Man bräuchte allerdings für den Abschluss der Verträge mit dem Ausland die Erlaubnis eines Ausschusses bei der UN. Dort würden nun leider viele Verträge nicht gebilligt (›hold‹). Das Problem sei, dass es oft an den kleinen Dingen scheitere. Es gebe viele erlaubte große Projekte, aber bei den kleinen technischen Komponenten verweigere man dann die Erlaubnis. So könnten diese größeren Projekte insgesamt nicht durchgeführt werden. Zur Zeit seien Verträge im Volumen von 1,5 Mrd. USD auf Eis gelegt (›hold‹).

Ich wollte wissen, ob es speziell mit deutschen Firmen Probleme bei der UN gebe. Er verneinte dies. Die deutschen Firmen könnten ohne Weiteres ihr Geschäft auf dem normalen Weg machen. Der Ingenieur sagte: ›Als Bürger des

Irak kann ich nicht verstehen, warum sich Deutschland so ablehnend gegenüber dem Irak verhält. Wir haben doch immer gute Beziehungen gehabt. Es gab in der Geschichte keine Feindseligkeiten. Von Regierung zu Regierung ist man stets freundlich miteinander umgegangen.‹

Ich sagte, das Problem sei, dass in Deutschland auch die Menschenrechtssituation in seinem Land eine große Rolle spiele. Allein die Medien würden dafür sorgen, dass dies in der Außenpolitik berücksichtigt werde. Zum Beweis zog ich einen Beitrag der Frankfurter Allgemeinen Zeitung von der vergangenen Woche aus meiner Mappe, wo auf einer Doppelseite die Länder des Nahen Ostens aufgeführt waren, in denen es Probleme mit den Menschenrechten gebe. Der Ingenieur lachte und sagte: ›Ja, gut, aber da ist sicher nicht Israel dabei, stimmt's? Warum ist Israel nicht auf der Liste? Mit euren eigenen Kriterien für Menschenrechte müsste es doch auf der Liste sein. So viele Menschen haben durch die unrechtmäßige Politik von Israel den Tod gefunden.‹ Ich versuchte, die besonderen Beziehungen zwischen Israel und Deutschland zu erklären. Damit war das Gespräch beendet. Der Stellvertretende Ölminister wollte nichts mehr sagen zu seinem Ressort.

Auf dem Flur setzte mich Karim davon in Kenntnis, dass das um 10.30 Uhr anberaumte Treffen mit Aziz auf unbestimmte Zeit verschoben worden sei; er werde mir sagen, wann es stattfinden kann. Herr Aziz habe jetzt andere wichtige Termine. (Das war der Beginn einer Reihe von Verschiebungen.)

Ich wurde zum Hotel gebracht. Dort ruhte ich bis Mittag aus. Gegen 12.15 Uhr holten mich Karim und Ismail wieder ab. Der Termin mit dem Handelsministerium stand nun an. Karim sagte, der Leiter der Abteilung für ausländische Wirtschaftsbeziehungen (›Foreign Economic Relations‹) habe alle Fakten und Zahlen parat, einen besser informierten Mann könnte ich dort nicht treffen. Selbst der Minister frage ihn, wenn etwas wissen wolle. Das sei die beste Quelle zu den Außenwirtschaftsbeziehungen, die es gebe.

Herr Fakhrldin M. Rashan, Director General, war aber nicht gleich zu sprechen. Zunächst mussten wir in der ›Lobby‹ des Ministeriums, die im Vergleich zu derjenigen eines Berliner Arbeitsamtes hässlich ist, etwa fünf Minuten warten, dann gingen wir in einen Warteraum, der mit den üblichen Sofas ausgestattet war, ehe nach weiteren zehn Minuten Rashan persönlich mit einem Mitarbeiter herein kam.

Das Ministerium befand sich unweit vom Hotel, auf der anderen Seite des Tigris. Da vor dem Gebäude eine Hauptverkehrsstraße zur Altstadt vorbeiführte, ging es am Eingang sehr hektisch zu. Innen war es nicht besonders schön. In einem Sicherheitshäuschen saßen drei Bewaffnete in schwarzen Lederjacken. Ein weiterer Uniformierter ging mit einem Gewehr auf dem Bürgersteig auf und ab. Insgesamt, muss man sagen, sah das Ministerium ziemlich verwahrlost aus, und zwar außen wie innen.

Rashan hatte eine schwarze Jacke über seinem Sakko, die er nicht auszog, auch nicht, nachdem wir im ersten Stock in einem Besprechungszimmer Platz genommen hatten. Nach anfänglicher Unruhe nahmen am Tisch noch drei ältere Mitarbeiter des Herrn Rashan Platz, Referenten oder dergleichen. Sie lächelten sehr freundlich und schienen sich über meinen Besuch zu freuen. Einer übergab Rashan einen DIN-A-3-großen Computerauszug mit Zahlensäulen. (Auf Arabisch standen an der Seite Ländernamen, wie ich später erfuhr.) Das Gespräch dauerte von 12.45 bis 13.30 Uhr. Nach der Begrüßung sagte ich zu Rashan, dass ich vor allem an der wirtschaftlichen Situation des Landes aufgrund des Embargos interessiert sei. Er holte ein wenig aus: Man könne davon sprechen, dass es jetzt seit elf Jahren ein Embargo gegen den Irak gebe, genau seit dem 6. August 1990. Die Idee des Embargos gehe aber auf den 8. August 1988 zurück, dem Datum des Waffenstillstandes zwischen Irak und Iran. Damals habe der US-Senat einen Sanktionsbeschluss gefasst, der praktisch identisch sei mit der späteren UN-Resolution 687, die der damalige amerikanische Präsident George H. Bush bei der UN durchgesetzt habe. Nach dem berühmten ›Memorandum of Understanding‹ sei erst 1996 das Oil-for-Food-Programm erlassen worden.

Es sei damals von verschiedenen Seiten gefordert worden, die humanitäre Situation im Land zu verbessern. Nach all den Jahren wisse man aber, dass das Gegenteil eingetreten sei. Die Zahlen sprächen für sich. Die Öleinnahmen (›Oil-Proceeds‹) hätten in den fünf Jahren insgesamt 48 bis 50 Milliarden USD betragen. 14,6 Milliarden USD seien für Nahrungsmittel, Medizin etc. verblieben, 19 Milliarden USD seien in die UN zurückgeflossen. Der Irak liefere also Öl, um die Ausgaben der UN zu decken. Dabei habe der Irak gedacht, die Sanktionen und die Zahlungen seien zeitlich begrenzt. Die Vereinigten Staaten hingegen, unterstützt von Großbritannien, hätten die Verlängerung durchgesetzt. Das habe weitere Probleme bereitet, die dann in der Idee der sogenannten klugen Sanktionen (›smart sanctions‹) geendet hätten. Aber so ein Programm lehne sein Land absolut ab, ebenso wie alle weiteren Strafmaßnahmen und Aktionen seitens der USA, Großbritanniens und der UN.

Nun gut, es gebe andere Möglichkeiten außerhalb dieses Programms. Dazu wollte ich mehr wissen. Rashan verwies auf Artikel 50 der UN-Charta, demzufolge Drittländer, die aufgrund von Maßnahmen gegen einen Staat spezielle ökonomische Probleme erleiden, das Recht haben, mit dem UN-Sicherheitsrat eine akzeptable Lösung zu finden. Die Türkei und andere Nachbarländer würden so verfahren, um Sonderkonditionen zu bekommen. Da fänden Konsultationen statt. (Eine Weile später übergab jemand Herrn Rashan ein Blatt Papier, das dieser mir aushändigte. Darauf war der Artikel 50 der UN-Charta in arabischer und englischer Sprache abgedruckt. Das hatte man eigens für mich abgeschrieben.) Rashan fuhr fort: ›Alle unsere Freunde auf der ganzen Welt einschließlich Deutschlands sollten helfen, nun eine Veränderung herbeizuführen.‹ Das Volumen der von der UN abgelehnten Verträge belaufe sich auf vier Milliarden USD, einschließlich derjenigen, die noch nicht gebilligt worden seien (›not approved‹) sogar auf sechs Milliarden USD. Den Unterschied zwischen ›hold‹ und ›not approved‹ konnte er nicht erklären, er meinte, ›hold‹ bedeute ›delay‹.

Ich fragte, warum eigentlich die Öllieferungen des Irak nicht höher seien, die Fördermenge sei doch aufgrund des Öl-für-Nahrung-Programms nicht begrenzt. Als Antwort erhielt ich die Auskunft, der Irak sei technisch nicht in der Lage, die Ölindustrie zu entwickeln. Die nötigen Investitionen könnten nicht getätigt werden. Man benötige allein mehr Pipelines.

Wie sehe es mit den Außenwirtschaftsbeziehungen zur Zeit aus? Welche Position habe zum Beispiel Russland? – Russland habe eine gute Position. – Und China? – ›Wir hoffen, dass die Handelsbeziehungen bedeutungsvoll würden (›We hope that it will become significant‹).‹ An welcher Stelle befände sich denn Deutschland? – An achtzehnter, sagte er, nachdem er in seiner Liste die Länder abgezählt hatte. Wer sei denn an erster Stelle? – Russland. – Und andere europäische Länder, stünden sie vor Deutschland? – Ja, Frankreich, Italien, Österreich, Spanien, Belgien, Schweden, diese Länder nannte er aus dem Stegreif, ohne in die Liste zu schauen. Wie groß denn das Handelsvolumen mit Deutschland sei, fragte ich weiter. 675 Mio. USD in fünf Jahren. Ein Mitarbeiter am Tisch ergänzte, das sei sehr wenig, wenn man davon ausgehe, dass Deutschland allein 1989 ein Volumen von 2,4 Milliarden USD gefüllt habe. Ich wollte noch wissen, wie die Internationale Industriemesse in Bagdad vor wenigen Wochen gelaufen sei. Antwort: Achtundvierzig Länder hätten daran teilgenommen, etwa 1650 Firmen. Im Vergleich zu Messen in anderen Ländern der Region sei das beachtlich. In Damaskus zum Beispiel hätten dieses Jahr nur achtundzwanzig Länder teilgenommen. Wie viele deutsche Firmen seien dagewesen? - Er nannte die Zahl 112.

Plötzlich schien der Generaldirektor es eilig zu haben. Ich fragte, ob er regelmäßigen Kontakt zum deutschen Geschäftsträger habe. Ja, sagte er, erst letzte Woche habe er sich mit ihm getroffen. Vor dem Aufzug verabschiedeten wir uns mit einem Händedruck. Ein Mitarbeiter brachte mich nach unten, denn Karim war nicht zugegen bei dem Gespräch. Der Mann verabschiedete sich äußerst freundlich und wollte seiner Freude Ausdruck verleihen, dass ein Deutscher nach Bagdad gekommen sei, um sich zu informieren.

Der Fahrer brachte mich zurück zum Hotel. Das Treffen mit Tariq Aziz sollte ja heute nicht mehr stattfinden. So legte ich mich hin, nachdem ich in der Hotellobby ein wenig in den Läden nach Andenken geschaut hatte. Gegen 19 Uhr wurde ich vom Fahrer abgeholt. Man brachte mich zu der Institution ›Bayt ul Hikma‹, was so viel wie ›Haus der Weisheit‹ heißt. Das ist, wie gesagt, so eine Art Akademie der Wissenschaften. Al-Hashimi ermöglichte mir den Vortrag vor dieser renommierten Vereinigung von Vertretern aus Politik, Wissenschaft und Gesellschaft des Irak. (Ohne zu wissen, wer alles in diesem Komitee saß, konnte man davon ausgehen, dass ihm viele ranghohe und wichtige Leute des Baath-Systems angehörten.)

Als wir mit dem Mercedes in eine Seitenstraße einbogen, fiel mir wieder ein Militärposten auf. Ismail machte ein Handzeichen, dem Hitlergruß ähnlich, was ich schon öfters beobachtet hatte. Der junge Mann grüßte sofort zurück. Ist das eine Art Parteigruß? fragte ich mich. In dem großen Gebäude nicht weit vom Ufer des Tigris-Flusses wurde ich mit Hameed Sai'd, dem Vorsitzenden der Institution (›Chairman of the Board Trustees of Bayt ul Hikma‹), bekannt gemacht. Da er nicht Englisch sprach, übersetzte ein gewisser A. W. Al-Qassab. Man begrüßte mich herzlich. Etwa zwei bis drei Männer folgten in das gigantische, aber düster eingerichtete Büro des Herrn Sai'd. Wir machten es uns in der Sitzecke bequem .

Sai'd erzählte, dass dieses Gebäude eine sehr berühmte Institution des Irak beherberge. Ursprünglich habe sich an diesem Ort zwischen dem 8. und 13. Jahrhundert das ehemalige Al-Hikma-Haus befunden, eine der ältesten wissenschaftlichen Einrichtungen der Welt überhaupt. Damals seien hier vor allem Texte übersetzt worden, bis die Tataren in Bagdad eingefallen seien und alles verwüstet hätten. Erst 1996 sei diese Institution wieder zum Leben erweckt worden, von Saddam Hussein persönlich. Der Irak habe seine kulturelle Rolle wiederentdeckt; dies sei auch eine Antwort auf die ›Aggression‹ des Westens gegenüber seinem Land gewesen. In der Institution gebe es eine politische, sozialwissenschaftliche, philosophische, historische und islamwissenschaftliche Abteilung. Daneben gebe es noch die Abteilung für Übersetzungen. Es könne eine Vierteljahresschrift über die Aktivitäten bezogen werden. Man veranstalte vor allem Vorträge, Workshops und Round-Table-Diskussionen.

Nach diesem freundlichen Empfang wurde ich in den Konferenzsaal geführt, wo eine hufeisenförmige Tischanlage mit Lautsprechern an jedem Platz eingebaut war. Ich sollte an der Spitze Platz nehmen. Schnell füllte sich der Saal, ich zählte etwa fünfundzwanzig Herren älteren Semesters und eine Dame.

Der Präsident nahm an meiner rechten Seite Platz. Ein Kamerateam kam dann herein, obwohl ich gebeten hatte, dies nicht öffentlich zu senden. Man versicherte mir, die Aufzeichnung nur intern zu verwenden, was ich nicht glauben konnte, da das Team nach Beendigung meines Einführungsreferates verschwand, ohne den interessanten Diskussionsteil aufzuzeichnen. Außerdem hatten die Mikros eindeutig die Aufschrift ›Irak TV‹.

Meinen Vortrag zur deutschen und europäischen Außenpolitik hielt ich aus dem Stegreif in englischer Sprache. Das Thema war so allgemein, dass es mir keine Schwierigkeiten bereitete, das Wesentliche zu sagen: Zur derzeitigen Regierungskoalition, dem Ursprung dieser Koalition, zur außenpolitischen Programmatik, zur Entwicklung der militärischen Zusammenarbeit – Stichwort: Kosovo-Krieg –, zur Europäischen Union, zu Schröders Solidaritätsbekundung gegenüber den USA, zu den Ängsten der deutschen Bevölkerung vor Terrorismus und zur Rolle der Medien. Israel sparte ich aus, da ich damit rechnete, dass einige spezielle Fragen hierzu kommen würden, wozu ich auch animiert hatte. Der Vorsitzende machte anschließend eine Liste der Leute, die sich gemeldet hatten. (Die nachfolgenden Namen wurden so notiert, wie ich sie phonetisch vernommen hatte:)

Saad Kasim Hammoudi merkte an, dass die deutsch-irakischen Beziehungen einmal sehr gut gewesen seien. 1989 sei Deutschland der größte Handelspartner gewesen. Sowohl politisch als auch auf Parteiebene habe es immer Kontakte gegeben, vor allem zwischen 1983 und 1992. Es habe inoffizielle Treffen sowohl mit der Kohl-Regierung, als auch mit Vertretern der damaligen SPD-Opposition gegeben. Warum könne man diese Beziehungen nicht wiederbeleben? Deutschland werde betrogen, sofern die USA und die anderen europäischen Länder keine Nachteile hätten, wenn Deutschland sich gegen den Irak entscheide. Deutschland solle unabhängig entscheiden. Viele andere europäische Staaten seien doch auch unabhängig in dieser Frage. Er wolle also wissen, wann Deutschland sich von diesen Abhängigkeiten befreie. Außerdem wolle er wissen, was Deutschland zur Palästina-Frage denke.

General Hamas sagte, Deutschland sei ein sehr gut organisiertes Land. Es gebe keinen unabhängigen Weg. Wer solle Deutschland aber schützen, etwa die Amerikaner? Wie könne es im nationalen Interesse Deutschlands liegen, dem Irak keine hohe Priorität in der Außenpolitik einzuräumen, wenn es andererseits der NATO-Mitgliedschaft sehr hohe Priorität einräume? Letzteres liege auch außerhalb des Prozesses der Europäischen Einigung (Ich hatte darauf hingewiesen, dass der europäische Einigungsprozess viele außenpolitische und auch personelle Ressourcen koste.) Er habe mehr von Deutschland erwartet, schloss er seine Kommentierung und fragte 1. nach dem deutschen Interesse in der gegenwärtigen Anti-Irak-Politik, 2. warum die NATO eine höhere Priorität habe als die EU und 3. warum es keine normalen diplomatischen Beziehungen geben könne, wenn doch der Irak kein Feind Deutschlands sei.

Professor Halil Al-Hadithi betonte, dass es zwischen Deutschland und dem Irak wirklich keine Probleme gebe. Der Irak leide auch in erster Linie nicht durch Deutschland, sondern durch die Sünden der USA und Großbritanniens. Das einzige indirekte Problem mit den Deutschen bestünde in der Palästina-Frage. Die Araber hätten die Last zu tragen, die durch die Sünden Deutschlands während des Dritten Reiches und des Zweiten Weltkrieges verursacht worden seien und zu dem jüdischen Staat geführt hätten. Sie müssten jetzt die Gäste, das heißt die Juden, erdulden. Wenn das so sei, dann hätten die Deutschen wenigstens die Pflicht den Arabern gegenüber, dies auszugleichen in ihrer Außenpolitik (›to compensate‹). Er wolle meine Meinung zur Israel-Palästina-Frage hören.

Dr. Mahammad Uwandawi kritisierte die falsche Prioritätensetzung in der deutschen Außenpolitik und betonte ebenfalls, dass es in der Vergangenheit immer gute Beziehungen mit dem Irak gegeben habe. Er frage sich, was sich Deutschland denke, wenn es keine eigene Meinung haben wolle, andererseits aber einen eigenen ständigen Sitz im UN-Sicherheitsrat anstrebe. 1990 bereits sei Deutschland auf der Seite der Gegner des Irak gewesen. Seine Frage: Wie könne man die Prioritäten in der deutschen Außenpolitik zugunsten des Irak ändern? Außerdem wolle er wissen, ob es möglich sei, wenigstens im kulturellen und universitären Bereich einen Austausch zu verabreden. Schließlich wolle er das Verhältnis Europäische Union - Deutschland näher erläutert haben.

Ein vollbärtiger, älterer, untersetzter Mann, der ganz hinten saß, ergriff das Wort: Viktor Khesrau Jaf, vorgestellt als führender kurdischer Intellektueller, fragte, warum man ständig den Irak in der Kurdenfrage beschuldige, wo doch alle Welt wisse, dass die Kurden in der Türkei, einem NATO-Mitglied, weit massivere Unterdrückung erleiden müssten. Dort hätten sie nicht einmal ihre Sprache benutzen dürfen. Das sei eine ungerechte Behandlung gegenüber dem Irak.

Viktor Aléni Sún begann seinen Wortbeitrag mit der Bemerkung, dass die Araber stets von einem freundlichen Deutschland gedacht hätten. Es habe immer eine Pilotrolle in den internationalen Beziehungen gehabt. Nun habe er im Fernsehen gesehen, wie der deutsche Außenminister Fischer und der amerikanische Außenminister Powell in einer gemeinsamen Erklärung betont hätten, dass in Deutschland und Europa eine gleichwertige militärische Kompetenz und Kraft angestrebt werde, wie sie die USA bereits hätten. Die Gleichwertigkeit und die Unabhängigkeit bezögen sich also allein auf den militärischen

Bereich. Seine Frage sei, ob es in Deutschland eine Doktrin gebe, die besage, dass das Land von Amerika okkupiert sei.

Dr. Fáchmi sagte, Deutschland könne sich nicht so einfach aus seiner Rolle in Europa zurückziehen. Da gebe es keine Entschuldigung im Sinne von: Wegen Europa können wir nicht. Aufgrund der Geschichte gebe es eigene Gefühle zwischen den Arabern und den Deutschen. Was der Irak verlange, sei nichts anderes als Partnerschaft statt Anklage (›accusation‹). Das habe auch nichts mit der Rolle zu tun, die Deutschland vor hundert Jahren hier gespielt habe. Zum anderen wolle er betonen, dass seiner Meinung nach auch die SPD nicht mit der bisherigen Lösung der Palästinenserfrage zufrieden sei. Die Konzentration auf die europäische Einigung sei eine historische Tatsache. Deutschland, aber auch die SPD, müssten sich fragen lassen, ob sie nur ›teilnehmen‹ wollten in diesem Europa oder ob Deutschland eine führende Rolle übernehmen wolle. Er wolle keine direkte Frage stellen, denn wenn man zu viel bitte, sei das nicht gut. Aber er habe seinen Traum, dass es besser werde.

Schließlich wollte General Schukrai noch eine Erklärung abgeben, an die sich eine Frage anschließen sollte. Er verlas ein kurzes Statement mit dem Inhalt, dass Deutschland seit dem Zweiten Weltkrieg sehr viel Geld – er bezifferte das – an die Juden zurückgezahlt habe, auch durch die immer noch laufende militärische Unterstützung für Israel. Wann dies ende, wolle er wissen.

Ich versuchte, die Fragen der Reihe nach zu beantworten. Dabei gab es aber auch Sprünge, um die Gedanken nicht zu zerreißen. Kurz zusammengefasst sagte ich Folgendes: Zum Beitrag von Herrn Hammoudi betonte ich noch einmal, dass in Deutschland auch unter Außenminister Fischer die von dem einstigen Bundeskanzler Adenauer begründete Staatsdoktrin gelte, dass Deutschland nie wieder abenteuerliche Sonderwege gehen dürfe. Frankreich und Großbritannien könnten solche Sonderwege ungestraft begehen. Sobald jedoch Deutschland aus dem westlichen Bündnis ausschere, lege man besonderes Augenmerk darauf und die Kritik sei ungleich größer als bei anderen europäischen Ländern. Ich nannte als Beispiel die Berichterstattung in den US-Medien über die deutsche rechtsextreme sogenannte Skin-Head-Bewegung. Schnell werde Deutschland der Vorwurf gemacht, man falle wieder in ein totalitäres System zurück. Deutschland müsse deshalb seine Außenpolitik sehr sensibel betreiben.

Die Palästina-Frage sei auch eine Frage der jeweiligen herrschenden Generationen. Der Holocaust rücke mehr und mehr in die Vergangenheit. Da könne man in Zukunft bestimmt offener gegenüber Israel reden, was die jeweils anstehenden Probleme betreffe. Die Fakten seien ja klar, da könne es nicht viel Dissens mit den arabischen Ländern geben, was heißen solle, dass man an den Fakten nicht vorbei komme (auch an den Fakten, die für die israelische Seite sprächen). Zu diesem Thema wollte ich mich am liebsten eigentlich gar nicht einlassen, denn es fehlen mir schlicht Erfahrung und Wissen. Außerdem war mir bewusst, dass es hier unmöglich sein dürfte, Verständnis für Israel zu wecken.

Die Frage von General Hamas nach dem deutschen Interesse an einer Anti-Irak-Politik beantwortete ich mit dem Hinweis auf die bei uns sehr wichtigen Menschenrechtsfragen, die vor allem bei vielen Linken – auch und gerade in der gegenwärtigen Regierung – eine übergeordnete Rolle spielten. Wirtschaftsinteressen würden diesen Interessen oft untergeordnet. Die Priorität des Wunsches nach militärischer Gleichberechtigung gegenüber den USA resultiere aus dem Wunsch, mitreden und -entscheiden zu können, wenn es um militärische Fragen und Strategien der NATO gehe. Dies sei eine Lehre aus den Balkan-Konflikten, bei denen die USA den Europäern einfach das Initiativ-Recht streitig gemacht hätten, indem sie ab einem bestimmten Punkt handelten. Ich wies darauf hin, dass alle diplomatischen Bemühungen der Europäischen Union bis zum militärischen Einschreiten der USA fruchtlos gewesen seien. Die EU sei aus wirtschaftspolitischen Erwägungen geschaffen worden, nun befinde man sich im politischen Einigungsprozess. Natürlicherweise folge diesem Prozess die militärische Einigung und Stärkung. Insofern wirke sich die veränderte Haltung innerhalb der NATO zugunsten einer Stärkung der EU und zugunsten einer größeren Unabhängigkeit gegenüber den USA aus. Neue diplomatische Beziehungen zwischen Deutschland und Irak könnten nur das Ergebnis eines gelockerten Umgangs sein, nicht dessen Anfang.

Zu Professor Hadithi gewandt merke ich an, dass die historische indirekte (Mit-) Schuld Deutschlands am Palästina-Konflikt richtig analysiert und vielleicht das beste Argument sei, sich aktiver in die Vermittlung einzumischen.

Gegenüber Dr. Uwandawi schlug ich die ›libysche Lösung‹ vor. Der Irak könne ein Thema finden, das gleichermaßen für unsere beiden Länder von Interesse sei und dabei Deutschland bei der Lösung von Problemen helfen, z. B. bei der Vermittlung im Israel-Palästina-Konflikt. Diese Bemerkung provozierte Herrn Hammoudi zu dem Zwischenruf, warum dieser Kurs hier anwendbar sein sollte, angesichts der Tatsache, dass der Irak niemals feindselig gegenüber Deutschland gewesen sei. Der Irak sei nicht wie Libyen vor deutschen Gerichten angeklagt worden. Warum solle sich sein Land erniedrigen und wofür solle es sich entschuldigen? Deutschland müsse seinerseits darüber nachdenken, ob es nicht viel zu verlieren habe, wenn es sich weiterhin so negativ gegenüber dem Irak verhalte.

Zu dem Kurden Jaf gewandt sagte ich, dass es vollkommen richtig sei, wenn er sage, dass die Kurden in der Türkei vieles erleiden müssten. Nur: Die Türkei werde für ihr Verhalten auch in Deutschland sehr stark kritisiert und das gehe soweit, dass man dieses Problem sogar zu einem indirekten Kriterium für die Aufnahme dieses Landes in die EU gemacht habe.

Die Bemerkung des Herrn Sún, dass Deutschland von den USA okkupiert sei, wies ich zurück. Mehr militärisches Gewicht und damit Unabhängigkeit müsse nicht heißen, dass Europa immer die gleichen Auffassungen habe wie die USA. In den letzten zehn Jahren habe es aber – leider auch zum Nachteil des Irak – innerhalb der transatlantischen Beziehungen meistens inhaltliche Übereinstimmung gegeben.

Zur Bemerkung und Frage des Generals Schukrai zur Haltung Deutschlands gegenüber Israel sagte ich, dass ich mit ihm übereinstimme, ich aber auch nicht sagen könne, ob oder wann diese Sonderbedingungen enden würden.

Damit war die Veranstaltung an ihr Ende gekommen. Ich bekam trotz oder gerade wegen meiner klaren Worte einen guten Applaus von allen Teilnehmern. Viele lächelten wohlwollend. Manche sagten, dies sei eine sehr informative Veranstaltung gewesen, ich hätte mich ganz gut geschlagen. Einer hatte während seines Beitrages erwähnt, dass er extra für diesen Vortrag sechshundert Kilometer angereist sei.

Ich hatte das Gefühl, dass dies eine sehr würdige Veranstaltung war und die Leute umgänglich und interessiert waren. Keiner von ihnen wirkte über das übliche Maß hinaus arrogant, obwohl ich sicherlich der jüngste Teilnehmer in diesem Kreis war.

Der Fahrer brachte mich anschließend ins Hotel.

Mittwoch, 21. November 2001

Für 10.00 Uhr war ein Besuch in der rechtswissenschaftlichen Fakultät der Bagdad-Universität vorgesehen. Karim stellte das Treffen mit Tariq Aziz zunächst für 19.30 Uhr in Aussicht. (Später wurde 21.00 Uhr daraus, schließlich erneut 19.30 Uhr.)

In der Nähe des Hotels stieg ein Deutsch sprechender Dolmetscher ins Auto. Der mittelalte Mann hatte von 1982 an für zwei Jahre an einer baden-württembergischen Hochschule studiert. Auf Nachfrage erklärte er mir, dass es drei Universitäten in Bagdad gebe: die Bagdad-Universität, die auf eine tausendjährige Tradition zurückgehende Mustansirja-Universität und die Saddam-Universität. Etwa 100 000 Studierende gebe es in der Stadt.

Zu meiner Verwunderung wusste Karim nicht genau, wohin wir mussten. Mehrmals fragte er Leute auf der Straße. Wir fuhren dann auf einen Parkplatz mit überdachten Stellplätzen und betraten den Campus. Auf dem Gelände gingen die einheitlich gekleideten jungen Leute ihrer Wege. Die Männer trugen dunkle Sakkos und die Frauen hatten ein einheitliches Kopftuch und lange Röcke. Ich sah in etwa gleich viele Männer wie Frauen. In einem unscheinbaren Gebäude, das innen ziemlich schmutzig aussah, fragte Karim nach dem Büro des Dekans der Fakultät. Zwei Türen weiter wartete er bereits: Professor Dr. Nizar Al-Anbaqi, Professor für Internationales Recht, war ein kleiner schnauzbärtiger älterer Mann, der korrekt gekleidet war und wohl zur ›alten Garde‹ gehörte.

Sein Büro war altmodisch eingerichtet, viel vergilbtes Papier stapelte dort. Natürlich hingen mehrere Saddam-Porträts an den Wänden. Auf seinem Schreibtisch lag ein antiquarisch anmutendes französisches Lehrbuch zum Völkerrecht. Er sprach fast ununterbrochen. Leider spreche er außer seiner Muttersprache nur französisch. Er freue sich außerordentlich, dass ich ihn besuche. Er wies darauf hin, dass er Mitglied des Internationalen Komitees der Baath-Partei sei. (Das erinnerte mich an die Gespräche, die ich im letzten Jahr mit dem Milosevic-Regime geführt hatte.) Die Rechtsfakultät gebe es seit 1908. Sie sei die erste in allen arabischen Ländern gewesen. Das Studium dauere in der Regel vier Jahre und werde mit dem Bakkalaureat abgeschlossen. Man könne auch den Magister oder Doktor machen. Die Rechtsgebiete umfassten Allgemeines Recht, Privatrecht, Strafrecht und Internationales Recht. Man könne auch an den Vorlesungen anderer Fakultäten teilnehmen. Von den 100 000 Studenten Bagdads studierten etwa 2500 bis 3000 Rechtswissenschaften, teilte er auf Rückfrage mit. Dieses Fach könne man auch noch an fünf anderen Unis im Irak studieren. Der Anteil der Frauen belaufe sich auf etwa 50 Prozent.

Auf die Beziehungen zu ausländischen Unis angesprochen, sagte er, dass vor allem mit französischen und britischen Unis ein Austausch betrieben werde. Zu den deutschen Unis unterhalte man wegen der Sprachschwierigkeiten keine Kontakte. Die Fakultät sei sehr berühmt für ihre gute Ausbildung. Viele frühere Regierungsmitglieder hätten hier studiert. Auch Saddam Hussein habe hier den Ehrendoktorhut verliehen bekommen, ebenso wie andere weltberühmte Persönlichkeiten, so zum Beispiel Indira Gandhi. Er habe sich sehr gefreut, dass auch der ehemalige UN-Beauftragte Hans von Sponeck einmal für zwei Stunden zu Besuch hier gewesen sei. Sie hätten damals über das Thema des Embargos ausführlich gesprochen. Man habe Informationen ausgetauscht. Er sei froh, dass es solche Leute wie von Sponeck noch gebe. Das sei ein Ehrenmann. Trotz aller Versuche, ihn zu bestechen, sei er ein korrekter Mann geblieben. Er habe ihm gesagt, dass die Haltung Deutschlands aufgrund der alten Beziehungen zu den Arabern nicht korrekt sei. Da könne er von Sponeck nur zustimmen. Denn es gebe keine Komplexe zwischen den Deutschen und den Arabern. Probleme habe es immer mit den ehemaligen Kolonialmächten Frankreich und England gegeben. Seit 1941, als die Deutschen auf der Seite der Iraker gekämpft hätten, gebe es große Sympathien für Deutschland.

Er habe sich sehr gewundert, warum sich Deutschland dann 1990 im Golfkrieg auf die Seite der USA gestellt habe. Man habe den USA viel Geld für den Krieg gegeben. Auch in der Afghanistan-Sache stehe nunmehr Deutschland auf der Seite der USA.

Dabei sei das deutsche Volk ein großes, berühmtes Volk, auch was den nationalen Charakter betreffe. Deutschland habe eine große Zukunft in Europa. Der Irak wünsche sich, dass Deutschland eine besondere Haltung entwickele. Trotz allem Verständnis für die außenpolitische Lage Deutschlands glaube er, dass es aufgrund seiner wirtschaftlichen Fähigkeiten viel machen könne. Er könne verstehen, dass Deutschland gezwungen sei, mit den USA umzugehen, sie würden die Gründe kennen. Als Politiker sei er sich darüber im Klaren, dass Deutschland die USA zufriedenstellen müsse. Die USA beherrsche die NATO. Aber es gebe jetzt die Gefahr, dass die USA die Terroranschläge vom September dazu benutzten, viele andere Länder ebenfalls zu attackieren und zu besiegen. Seine Meinung als Professor für Internationales Recht sei aber, dass die Ursachen dieses Terrorismus im Rahmen der UNO abgehandelt werden müssten. Es müsse eine Vereinbarung gegen den Terror geben, auf die sich alle Länder einigen könnten. Er wolle nur daran erinnern, dass dies Geduld benötige: Die UNO habe zehn Jahre gebraucht, um sich auf eine gemeinsame Definition des Begriffes der ›Aggression‹ zu einigen. Solche Begriffe könnten nicht von einzelnen Ländern alleine definiert werden. Nur eine Vereinbarung zwischen allen Ländern schaffe hier eine Rechtssicherheit, ja ›internationales Recht‹. Da müsse exakt erklärt sein, was ›Aggression‹ unter den neuen Bedingungen des Terrorismus bedeute. Staatsterror sei anders, nämlich gefährlicher als Personenterror. Man sehe ja, was die USA in Afghanistan tue. Auch was in Palästina geschehe, sei wirklicher Terror. Man könne diese Fragen bei Gericht lösen. Hier endete sein Vortrag.

Ich wollte bewusst vermeiden, in eine Diskussion über diese Themen einzusteigen, da ich diese Meinungen seit meiner Jugoslawien-Reise gut kenne. Im alten Milosevic-Regime hatte man genauso argumentiert. Es hätte einiger Zeit bedurft, um ein produktives Gespräch zu entwickeln. Stattdessen sagte ich einige wohlwollende Worte zu ihm. Ich sagte, dass ich auch Recht studiert hätte und zwei Staatsexamen geschrieben hätte, um jetzt als Rechtsanwalt tätig sein zu können.

Das Problem im internationalen Recht sei, dass es in diesem Bereich besonders viel Raum für Auslegungen gebe. In Deutschland sei übrigens das Studium des klassischen Völkerrechts ein wenig durch das Studium des Europäischen Rechts verdrängt worden. Er unterbrach mich und sagte, er sei immer für eine Europäische Einigung eingetreten. Besonders Frankreich und Deutschland sollten zusammen arbeiten. Diese beiden Länder könnten ein gutes Gegengewicht zu Ost und West schaffen.

Ich gab zu bedenken, dass der Einigungsprozess viele Kräfte abverlange und dass dies nicht automatisch zu einer Stärkung Europas führe. Zur Zeit sei Europa in seiner Außenpolitik sogar schwächer geworden, als es noch vor 20 Jahren der Fall gewesen sei. Europa sei jetzt sehr mit sich selbst beschäftigt, die Einigung sei wichtiger als manch andere bilaterale Beziehungen oder internationale Konflikte. Der Professor gab zu bedenken, dass es jetzt so aussähe, als habe man in Europa Angst vor den USA, so als ob man etwas falsch gemacht hätte. Obwohl es wichtig sei für Europa, jetzt einig zu sein, müsse es sehen, was es von Europa bekomme, ob die Zukunft dort liege, oder nicht vielmehr im arabischen Bereich.

Dann wechselten wir das Thema: Er sagte, im Jahr 1999 habe es in Bagdad eine Konferenz über die Menschenrechte gegeben. Viele Teilnehmer seien aus dem Hochschulbereich gekommen. Ein neuer Kolonialismus sei abzulehnen. Ich bat um eine Möglichkeit, mit jungen Studenten zu sprechen. Wir gingen auf den Campus. Dort wurde ein Foto gemacht. Fast alle Menschen auf dem Campus beobachteten uns neugierig. Ein Ausländer aus Europa ist dort eine kleine Sensation. Dann verabschiedeten wir uns.

Man brachte mich in einen voll besetzten Hörsaal. Der Lehrer stand sofort auf und räumte seinen Platz für mich. Ich war etwas überrascht. Mit dem Dolmetscher an meiner Seite hatte ich plötzlich ein Auditorium zur Verfügung. Solange ich mich nicht gesetzt hatte, standen auch die Studenten. Es war andächtig wie in einem katholischen Gottesdienst. Ich setzte mich dann einfach, die Menge tat es mir gleich. Mit so einer Gelegenheit hatte ich wirklich nicht gerechnet. Aber wie sollte ich sie nutzen? Aufgrund der wenigen Minuten, die ich Zeit hatte, der nächste Termin stand an, konnte ich sie praktisch nicht nutzen.

Ich entschied mich dafür, einiges Belangloses zu sagen, indem ich vom Studium der Rechtswissenschaften in Deutschland referierte. Nach etwa fünf Minuten endete ich mein Statement und bat um Fragen aus dem Publikum. Die Zeit drängte, es war jetzt 11.15 Uhr, um 11.30 Uhr sollten wir beim Stellvertretenden Parlamentspräsidenten sein. Karim wartete ungeduldig am Eingang. Ich bestand auf der ›Frageminute‹. Aber es meldete sich zunächst niemand.

Plötzlich hob einer in der letzten Reihe die Hand und fragte, ob man mit einem Abschluss an der Bagdad-Universität auch Rechtsanwalt in Deutschland werden könne oder ob man noch das deutsche Staatsexamen machen müsse. Ich sagte, das letztere sei leider der Fall und diese Prüfung solle man nicht unterschätzen. Ich sah wartend in die Menge. Die jungen Leute saßen stumm vor mir. Keiner traute sich zu fragen. Vielleicht war der Überraschungsmoment auch für sie zu groß. Wir verließen den Saal. Karim schmunzelte, es sei kaum zu glauben, was für Möglichkeiten ich hier hätte: ›Ein schöner Aufenthalt ist das für Sie, oder?‹, witzelte er.

Mit der Limousine ging es zum Stellvertretenden Parlamentspräsidenten. Zu dem Gebäude führt eine sehr schmale, verschlungene, zwischen Gebüsch eingebettete Auffahrt. Wir kamen 15 Minuten zu spät, aber Hamed Rasheed Al-Rawi, Stellvertretender Sprecher der Irakischen Nationalversammlung, dem Parlament in Bagdad, war ein sehr umgänglicher Mann, der eine gewisse Wärme ausstrahlte. Er lächelte sehr breit, als ich ihm in seinem Amtszimmer begegnete. Leider sprach er kein Englisch, aber der Dolmetscher stand ja bereit. Neben ihm nahm Dr. Abdul-Rahman, ›Deputy Speaker of the Arab and International Relations Committee of the Iraq National Assembly‹, Platz, ein relativ junger Politiker, der ebenfalls sehr nett und aufgeschlossen wirkte.

Al-Rawi begann über die Situation im Irak zu sprechen. Zwischen Deutschland und seinem Land habe es nie Feindschaften gegeben, so wie es überhaupt keine Feindschaften zwischen Völkern geben könne, sondern nur solche zwischen Administrationen. Zur Zeit verhielten sich die USA aggressiv gegenüber Afghanistan, so wie sie bereits gegenüber Somalia, dem Irak und Jugoslawien aggressiv gewesen seien, zusammen mit Großbritannien. Die erste Priorität im Irak habe aber die Palästina-Frage. Das sei der zentrale Punkt des arabischen Freiheitskampfes. Ich könne ihm glauben, wenn er sage, dass die Palästinenser ein unterdrücktes Volk seien. Deren Land sei von den Zionisten gestohlen worden. Die ehemalige britische Administration habe dieses Gebilde namens ›Israel‹ zustande gebracht. Die Haltung des Irak zu all diesen Fragen sei klar. Saddam Hussein habe das in seinen Statements klar zum Ausdruck gebracht. Auch Herr Tariq Aziz habe jetzt die Haltung Iraks noch klarer herausgearbeitet. Wichtig sei, dass diese Wahrheit endlich begriffen werde. Im Zweifel müsse man die Administrationen ändern – er meinte wohl die westlichen –, denn sie seien schlicht im Unrecht mit ihrer Haltung gegenüber dem Irak.

Er freue sich sehr, dass ich zu Besuch gekommen sei. Vor allem die parlamentarische Zusammenarbeit könne eine gute Sache sein; ich möge mich mit Dr. Rahman hierzu besprechen, er sei an einem Austauschprojekt interessiert und dafür zuständig. Herr Al-Rawi bat mich, für eine Aufnahme des irakischen

Fernsehens zur Verfügung zu stehen. Es bedurfte einiger Überredungskunst, ihn von diesem Projekt abzubringen. Zur Erklärung sagte ich nicht wahrheitswidrig, dass ich dem Irak mehr helfen könne, wenn ich nicht öffentlich in Erscheinung trete, denn ich könne hier keinesfalls öffentlich als SPD-Vertreter auftreten. Nicht alle in Deutschland seien so unbefangen im Umgang mit dem Irak wie ich, fügte ich hinzu. Er war erstaunt, zeigte dann aber Verständnis. Gerade in diesem Augenblick öffnete sich die Flügeltür und ein TV-Team wollte herein kommen. Ein Wink mit der Hand von Herrn Al-Rawi genügte und schon war das Team wieder verschwunden.

Wir verabschiedeten uns herzlich. Ich dankte für den Besuch. (Abends sollte ich ihn überraschenderweise im Vorzimmer von Tariq Aziz wieder treffen, dazu weiter unten mehr.) Ich wurde zum Hotel gebracht. Dort ruhte ich aus, um mich auf die Begegnung mit Tariq Aziz vorzubereiten. Inzwischen waren wir wieder bei 21.00 Uhr verblieben. Doch gegen 17.30 Uhr rief Karim an, um mir mitzuteilen, dass das Treffen nun doch um 19.00 Uhr stattfinden werde. Also gut, ich hatte ja Zeit.

Karim fuhr diesmal selbst mit seinem klapprigen weißen japanischen Auto älteren Baujahres zum Ort des Treffens, dem Sitz des Kabinetts, also dem Hauptregierungsgebäude gleich neben dem Saddam-Palast im Zentrum Bagdads. Vorbei am militärisch wirkenden Kontrollposten mussten wir unseren Wagen neben einem Gebäude hinter der Einfahrt zum Regierungsgelände parken. Karim ging in das Häuschen und meldete uns an. Ich konnte im Auto sitzen bleiben, niemand schien mich kontrollieren zu wollen. Dann fuhren wir geradeaus auf das Regierungsgebäude zu, das nach etwa 500 Metern hinter Sträuchern und Bäumen auftauchte. Wir fuhren in die unterirdische Einfahrt. Dort spazierten ein paar Bedienstete mit ihren normalen Alltagskleidern, die jeder auf der Straße tragen könnte. Wir parkten den Wagen und gingen in einen Überwachungsraum. Das Personal trug hier keine besonderen Uniformen, es schien ziemlich leger zuzugehen. Karim schien den Mann an der Tiefgaragenpforte gut zu kennen. Sie schauten beide in einen an der Decke hängenden TV-Bildschirm, der gerade eine offensichtlich täglich fortlaufende Polit-Comedy-Sendung ausstrahlte – mit dem immer gleichen Thema: Israel. Dargestellt wird das Büro von Scharon und dessen Kabinett. Man könnte so etwas als eine Propagandasendung in modernem Kleid bezeichnen.

Der untersetzte Freund Karims lachte ständig und wollte, dass Karim auch lachte. Dieser reagierte aber eher gelangweilt auf die Sendung. Nach etwa zehn Minuten gab Karim das Zeichen, dass es jetzt langsam losgehe. Ich sollte ihm folgen. Zunächst nahmen wir einen Aufzug. Dann durchschritten wir gigantische und völlig menschenleere Flure, die in regelmäßigen Abständen in kleine

Empfangsbereiche mündeten. Wir überquerten einen dieser Räume. Auf der großen Fläche standen die üblichen Sofas mit hellem Stoff. Über einem hing ein Ölgemälde mit typischer Propagandamalerei im Stile von Symbolen mit realistischem Hintergrund. In der Mitte war ein Schwarz-Weiß-Abbild des Pressefotos aufgemalt, das den Palästinenser mit seinem toten Sohn zeigte, der sich hinter einer Mauer vor israelischen Schüssen schützen wollte. Links unten und rechts oben waren eine Moschee bzw. eine Straßenszene zu sehen. Links oben blickte ein lebensgroß dargestelltes Gesicht einer hübschen jungen Araberin in die Ferne, rechts unten war ein sich aufbäumendes Pferd zu sehen.

›Die Frau ist das Symbol für die Zukunft‹, kommentierte Karim auf Nachfrage, ›das Pferd ist das Symbol für Stärke.‹ Mir wurde noch einmal vor Augen geführt, welch wichtigen Stellenwert die ungelöste Palästinenserfrage hier hatte. Dabei gäbe es so viele Probleme im eigenen Land zu lösen, dachte ich mir beim Anblick dieses israelfeindlichen Staatskitsches. Wir bogen links in ein großes Vorzimmer. Al-Hashimi wartete bereits auf uns. Hinter dem Schreibtisch saß ein mittelalter Herr, der sich in deutscher Sprache vorstellte – seinen Namen habe ich vergessen. Er habe einmal in der irakischen Botschaft in Bonn gearbeitet, als Al-Hashimi Botschafter gewesen sei. Ein netter, korrekter Mann, der im Gegensatz zu den meisten Leuten hier einen intellektuellen und introvertierten Eindruck erweckte. Ich fragte ihn, ob er den F.A.Z.-Journalisten Udo Ulfkotte kenne. Er bejahte und sagte, das sei ein schlechter Journalist, denn Ulfkotte bemühe sich zwar immer, ein Visum zu bekommen für den Irak, indem er Artikel zusende, die beweisen sollten, wie pro-irakisch er eingestellt sei, doch in Wahrheit schreibe er sehr negativ über sein Heimatland.

Ich nahm in einem der Sessel Platz. Der Büroleiter, Al-Hashimi und Karim unterhielten sich in Arabisch offensichtlich über Belangloses. Es war fast eine vertrauliche Runde unter Freunden, wie wir da saßen, ich bedauerte sehr, nicht Arabisch sprechen zu können. Dr. Hashimi erzählte, dass er noch ein Jahr gebraucht habe in Bonn, um fließend Deutsch sprechen zu können. Dann teilte man mir mit, dass Tariq Aziz noch nicht von einem anderen Termin zurückgekommen sei. Deshalb müsse ich solange hier warten. Man entschuldigte sich. Plötzlich kam der Stellvertretende Parlamentspräsident, Al-Rawi, in das Zimmer. Er war in Begleitung von ein paar anderen Herren, die nicht näher vorgestellt wurden. Sie schienen auch einen Termin hier zu haben oder gehabt zu haben. Jedenfalls umarmten Al-Hashimi und Al-Rawi sich wie alte Freunde. Sie küssten sich links und rechts auf die Wangen. Da es inzwischen schon fast 20 Uhr geworden war, schlug Al-Hashimi vor, vielleicht besser nochmal ins Hotel zurück zu fahren. Er werde auch zu seinem Büro zurück fahren. Falls es heute noch klappen sollte, könnte man ja schnell wieder hierher kommen. Nach

21 Uhr sehe es aber schlecht aus. Vielleicht müsse das Treffen auf Morgen verschoben werden.

Auf dem Weg zurück zum Aufzug flüsterte Karim mir zu, Aziz habe – wie so oft – wieder einmal einen Anruf vom Präsidenten erhalten. (Am letzten Tag meines Aufenthalts sagte Karim zu mir, ich könne mich glücklich schätzen, bei Aziz einen Termin bekommen zu haben. Nicht viele hätten diese Chance. Viele ausländische Delegationen wollten einen Termin bei Aziz, aber nur selten werde jemand vorgelassen. Ich weiß nicht, ob er mir damit schmeicheln wollte, aber es klang sehr glaubwürdig.) Als ich im Hotel die Tür hinter mir schloss, war ich erleichtert, denn es hatte mir eine starke Konzentration abverlangt, dieses geplante Treffen inhaltlich vorzubereiten. Ich war schon aufgeregt, denn Aziz war eine starke, unnachgiebige und nicht unkluge Persönlichkeit. Gegen 21.00 Uhr rief der Büroleiter von Aziz an, um mitzuteilen, dass der Stellvertretende Premierminister noch immer nicht ins Büro zurückgekommen sei und es deshalb heute Abend kein Treffen mehr geben werde. Ich solle das auch Karim ausrichten, falls dieser sich noch im Hotel aufhalte, denn er habe ihn bislang nicht erreichen können. Nun gut, heute würde es also nichts mehr werden. Ich ging in die Stadt in Richtung Regierungsbereich. Manche Zigarettenverkäufer saßen zu dieser Zeit noch am Straßenrand, um sich ein paar Dinare zu verdienen. Im Übrigen war die Stadt nicht sehr belebt. Es gibt ja praktisch kein Nachtleben auf den Straßen und in den Lokalen der Stadt. Ich bemerkte ein kleines Haus. An der Hausmauer vor dem Eingangsbereich lehnten ein paar Ölbilder oder so etwas in der Art, die offensichtlich nicht nur zur Dekoration oder zur Ausstellung da standen, sondern zum Verkauf. Es waren typische arabische Alltagsmotive: Kinder, ein Barbier, Frauen, Pferde etc.

Ich sah mich ein wenig um und betrat das Gebäude schließlich. Dieses ›Atelier‹ wurde von zwei jungen Burschen gehütet, die sich als Söhne eines Malers vorstellten. Leider sprachen sie nur ein paar Worte Englisch. An den Wänden hingen außer den uneingerahmten und unbespannten Öl- und Acrylbildern auch gerahmte alte Schwarz-Weiß-Fotos aus dem Leben des Malers. Eine große Farbfotografie zeigt den Vater neben dem älteren Präsidentensohn Uday Hussein. Der Vater habe für Uday viele Aufträge ausgeführt, bekam ich heraus. Die Bilder, die hier hingen und am Boden ausgebreitet waren, wurden zumeist von Drucken kopiert. Ich suchte mir einige Motive aus, die mir gefielen, und fragte – wie nebenbei – nach dem Preis. Beim Handeln bin ich nicht besonders erfolgreich, dennoch bekam ich die beiden Bilder, die ursprünglich 18 und 25 USD kosten sollten, dann zusammen für 30 USD. Das war für meine Verhältnisse geschenkt, für deren ein kleines Vermögen.

Leider konnten wir uns praktisch nicht unterhalten. Sie schrieben mir ihre Namen auf einen Zettel: Bahig und Ashem Al-Mansouri. Ich verabschiedete mich von den beiden und ging mit den Kunstschätzen unter dem Arm zum Hotel zurück. Dabei kam ich an der iranischen Botschaft vorbei, die von zwei jungen Männern in kleinen Wachhäuschen bewacht wurde und so unheimlich war, wie das Meiste hier in Bagdad. Einen Block weiter kam ein ehemaliger Supermarkt, der schon seit langem nicht mehr zu existieren schien und einer Ruine glich. Dann überquerte man die Straße und das zweite Gebäude war bereits das Informationsministerium, das direkt gegenüber dem Hotel stand. Nachts kann man nicht am Ministerium vorbeifahren, es wurde eine Straßensperre mit Stahlnägeln aufgebaut. Junge Soldaten bewachten das Gebäude.

Donnerstag, 22. November 2001

Heute schlief ich lange, obwohl ich mich eigentlich noch auf das Treffen mit Aziz einstimmen wollte. Das Warten von gestern hatte mir aber die Aufregung genommen, so dass ich befürchtete, die Konzentration zu verlieren, wenn es denn heute klappen sollte.

Gegen 9.00 Uhr rief Karim mich an, um mir mitzuteilen, dass das Treffen mit Aziz nunmehr um 11.00 Uhr stattfinden werde. Ich frühstückte daraufhin. Dann wurde ich – diesmal von Ismail, meinem Fahrer – erneut zum Kabinettsgebäude gebracht. Beim Aufzug angelangt, fragte ich Karim, warum er sich in diesem Gebäude so gut auskenne, ob er hier schon einmal gearbeitet habe. Er meinte, er habe hier öfters etwas zu tun und kenne die Leute ganz gut, die hier tätig seien. Im Vorzimmer wartete bereits Al-Hashimi. Er unterhielt sich mit dem Büroleiter auf Arabisch. Ein älterer Herr, den ich noch nie gesehen hatte, saß neben Al- Hashimi. Nach einer Weile standen wir alle auf, der ältere Herr ging auf mich zu und fragte mich, ob ich Deutscher sei. Er stellte sich als Ambassador Bassam Kubba, Berater des Stellvertretenden Premierministers (›Adviser to Mr. Tarik Aziz, Deputy Prime Minister‹), vor. Er erläuterte, dass er früher einmal mit Al-Hashimi in Paris in der dortigen Botschaft als Diplomat tätig gewesen sei. Wir setzten uns wieder.

Um 11.00 Uhr forderte Al-Hashimi mich auf, ihm zu folgen. Wir gingen auf den Flur und zwei Türen weiter in ein Empfangszimmer mit viel Plüsch und den üblichen Sofas. Als ich den Raum betrat, sah ich Tariq Aziz in der Mitte des Zimmers auf dem Teppich stehen. Er trug wieder eine olivgrüne Kampfuniform und sauber geputzte Stiefel. Unter seinem grauen Haar sah ich in ein versteinert wirkendes Gesicht. Aziz verzog keine Miene, als ich ihn begrüßte und mich für das Treffen im voraus bedankte. Wir schüttelten die Hände. Er wies mich an, Platz zu nehmen. Zwischen uns stand ein gerahmtes Saddam-Bild. Auf dem Sofa hinter ihm nahmen der Reihe nach Al-Hashimi und Botschafter Kubba Platz; letzterer machte sich schriftliche Notizen. Es war ein äußerst frostiger Empfang. Während es für mich eine offene Situation war – ich war auf alles eingestellt, von einer längeren politischen Unterhaltung bis hin zu Vorwürfen und einer Konfrontation – war Aziz offenbar gut vorbereitet und sehr bestimmt.

Zunächst verunsicherte er mich, indem er mich nur kalt anschaute und gar nichts sagte – einfach nichts. Ich dachte, der Höflichkeit halber – er war der wesentlich ältere Gesprächspartner und Gastgeber – müsse ich unbedingt warten, bis er etwas sagte, vielleicht auch nur etwas Belangloses. Aber er blieb beim eisernen Schweigen. Ok., dachte ich, dann fange ich eben an. Ich sagte, dass ich – wie er ja wisse – im Mai diesen Jahres an dem Solidaritätsflug von Frankfurt am Main nach Bagdad teilgenommen habe und im Anschluss daran um ein Gespräch mit Michael Steiner, dem außenpolitischen Berater von Bundeskanzler Gerhard Schröder, gebeten hätte, das dieser dann überraschenderweise gewährt habe. Ich hätte also Gelegenheit gehabt, mit dem Berater von Schröder über die prekäre Situation der deutsch-irakischen Beziehungen zu reden. Dass dieser sich Zeit für mich genommen habe, zeige, dass auch von deutscher Seite ein gewisses Interesse an seinem Land bestehe. Leider müsse ich ihm jedoch mitteilen, dass ungeachtet dessen die Prioritäten in der deutschen Außenpolitik nicht auf Seiten des Irak lägen. Deutschland sei sehr mit dem europäischen Einigungsprozess beschäftigt, das koste Kräfte, fügte ich äußerst diplomatisch an. Das habe auch Auswirkungen auf die Parteitätigkeit. So habe sich beispielsweise der Fachausschuss der Berliner SPD, der für die internationale Politik zuständig gewesen sei, gespalten in einen europäischen und einen internationalen Teil. Die meisten der jungen Leuten seien jetzt im Europa-Ausschuss Mitglied. Ich sei noch einer der wenigen, die sich auch der klassischen internationalen Themen annähmen. So würden wir im November eine Veranstaltung zur Palästina-Frage organisieren. (Ich wollte mit diesen Ausführungen so nahe an der Wahrheit bleiben, wie es ging, andererseits aber auch den Anreiz für eine lockere Unterhaltung geben, in der auch gegenseitig Fragen gestellt werden könnten, wenigstens auf persönlicher Ebene. Allein, das war ein Weg, der nicht funktionierte.) Er unterbrach mich und sagte: Ja, er wisse Bescheid darüber. Deutschland sei bekannt dafür, dass es in Europa gute Partner suche und ständig daran arbeite. Im Grunde genommen arbeite Deutschland seit dem Ende des Zweiten Weltkrieges daran. Das könne der Irak verstehen. Wenn aber Deutschland glaube, so leitete er seinen ›Angriff‹ ein, ohne den Irak leben zu können, dann sei das auch ok. Offensichtlich brauche Deutschland sein Land nicht mehr. Er habe kein Problem damit, denn der Irak könne auch ohne Deutschland ganz gut auskommen. Es gebe eine Reihe von Ländern, die mehr als Deutschland an guten Beziehungen zum Irak interessiert seien, so z. B. Frankreich, Italien, Belgien, und – natürlich – Russland. Deutschland und der Irak könnten ohne einander leben (›Germany and Iraq can live without each other.‹) Er wirkte beleidigt und in seinem Stolz verletzt, als er dies resignierend und trotzig hervorbrachte. Zwar müsse Deutschland ein großes wirtschaftliches Interesse haben an guten Beziehungen zum Irak...

Hier unterbrach ich: Ich sagte, dass in Deutschland durchaus ein Wille vorhanden sei, die Situation des Irak zu verbessern, aber das sei nun einmal nicht so leicht durchzusetzen, zumal nach den Terroranschlägen. Schon allein die Meinungsmacher in den Medien seien hierbei ein großes Hindernis; jede deutsche Regierung müsse mit diesen leben. Ja gut, hakte er ein, er nehme jede Idee, jede Initiative zur Verbesserung der Beziehungen gerne auf: ›We support you.‹ (im Sinne von ›persönlich‹, meinte er wohl). Aus der Sicht des Irak sei alles getan worden. (Das war die zentrale Botschaft für mich: Keinerlei Bewegung, keinerlei Kompromissbereitschaft auf Seiten des Irak!) Offensichtlich, so fuhr er fort, gebe es aber von Seiten Amerikas ein ›rotes Licht‹ in Bezug auf den Irak, so dass Deutschland nicht handeln dürfe. Auch das könne er verstehen.

Schon 1994 sei unter seiner Leitung die Reise einer irakischen Delegation nach Deutschland geplant gewesen. Alles sei gut vorbereitet worden, bis die damalige amerikanische Außenministerin Madeleine Albright interveniert und sich ablehnend geäußert hätte. Dann sei das Treffen geplatzt. So sei eben Deutschland. Man sei ja schon froh, wenn Deutschland nicht interveniere, sofern andere europäische Länder gute Beziehungen zum Irak aufbauten, wie z. B. Griechenland, Italien, Belgien oder Österreich, die mit dem Irak einen Dialog führen wollten. Es sei ein Minimum, was man gegenwärtig von Deutschland verlange, nämlich ›Don't say no!‹ Sie hätten ein Botschaftsgebäude in Berlin (in Bonn, wollte er wohl sagen, denn die waren noch nicht umgezogen). Er fragte, warum es keine richtige deutsche Botschaft in Bagdad gebe? An diesem Punkt signalisierte Aziz, dass er das Gespräch beenden wolle. Ich gab jedoch nicht so schnell auf und fragte ein bisschen hilflos, warum es keinen ›libyschen Weg‹ für den Irak gebe, bei allen Unterschieden in der Ausgangslage dieser beiden Länder...? Aziz: Er könne die Frage einfach beantworten: bei Libyen habe Washington Berlin ›grünes Licht‹, zumindest aber ›gelbes‹ gegeben. Anders beim Irak. Washington sei einfach dagegen. Aziz wich aus.

Ich sagte, auch mit Libyen habe es große Probleme gegeben, aber es habe sich bewegt. Man dürfe nicht unterschätzen, dass die Menschenrechtsorganisationen in Deutschland insgesamt ein sehr schlechtes Bild vom irakischen Staat vermittelten. Da könne die Politik, so pragmatisch sie auch sein möge, nicht einfach darüber hinweggehen. Und der deutsche Bundeskanzler Gerhard Schröder sei ein echter Pragmatiker, das sehe man z. B. auch im Verhältnis zu China. Der letzte Staatsbesuch sei sehr erfolgreich verlaufen, trotz der schlechten Menschenrechtssituation in China. Es sei durchaus etwas Wahres an der Theorie, dass man die kleineren Länder umso mehr bestrafe, als man bei den großen schweigen müsse. Aziz unterbrach: In Bezug auf die Menschenrechtsfrage könne er nur antworten: Das glaube ich nicht (›I don't buy this!‹) Er wiederholte diesen Satz noch einmal. Das sehe man zum Beispiel deutlich bei den deutsch-iranischen Beziehungen. Es sei bekannt, dass im Iran ein weit niedrigeres Niveau an Menschenrechten gewährleistet sei als im Irak. Es sei eben ein größeres Land, fügte er an, als eine Art Bestätigung für mein China-Beispiel. An diesem Punkt schien das Gespräch zu ersticken. Wir waren am Ende. Ich wollte nichts mehr sagen oder fragen, ich war sehr enttäuscht. Aziz stand sofort auf, drückte mir fast abwesend die Hand und wünschte mir alles Gute. Ich dankte für die Möglichkeit der Begegnung. Ich empfand es als Rausschmiss.

Das Ganze hatte nicht länger als zehn Minuten gedauert. Dafür hatte ich die weite Reise hierher unternommen. Mehr noch: Es schwangen seltsame Untertöne in Aziz' Rede mit: Die arabische Seele, der berühmt-berüchtigte Stolz der Iraker, musste sehr verletzt worden sein, wenn man einem deutschen Politiker so eine Abfuhr erteilen konnte. Dabei lag der Schlüssel ganz eindeutig bei Saddam Hussein und seinem Regime, wie ich mir jetzt absolut sicher war. Die Politik schien versteinert zu sein, extrem verhärtet, obwohl ja Deutschland das harte UN-Regime nur mittrug und nicht initiiert hat. Die herrschende Klasse lebte auch unter diesen Bedingungen offenbar ganz gut, bis auf so Sachen wie die Reisefreiheit. Aziz schien jetzt, wenige Tage nach dem 11. September und all den internationalen Folgen, wie eingebunkert und äußerst unversöhnlich, im Vergleich zu dem Treffen im Juni 2001. Mir wurde wohl auch die Rolle des Boten zugewiesen. Die Gesprächspartner wollten mir eine klare Aussage mitgeben. Diese Annahme wurde auch durch die Bemerkung von Al-Hashimi untermauert, die dieser unmittelbar im Anschluss an das Gespräch auf dem Flur des Kabinettsgebäudes mir gegenüber machte: Entschuldigen Sie, Herr Seidl, das war eine kurze und klare Mitteilung. Es gab so viele Enttäuschungen in der Vergangenheit (›Sorry for you, Mr. Seidl, but this was a short and clear message. There have been so many disappointments in the past.‹).

Aziz wusste, dass ich nicht sein Verbündeter war, genauso wie er wusste, dass ich nicht offiziell hierher gekommen war, sondern als unbedeutender SPD-Funktionär mit bestimmten Kontakten zur deutschen Regierung. Deshalb wollte er auch nicht mit mir diskutieren. Meine erste Schlussfolgerung – noch auf dem Flur – war: Pech für das irakische Volk, Pech für die deutsche Wirtschaft. Pech vielleicht auch für die Amerikaner, die langfristig nicht nur gute Verbündete im Militärischen, sondern vielleicht auch solche im Diplomatischen brauchen würden im Nahen Osten; der deutsche Einfluss jedoch schwand.

(Anmerkung: Zum Zeitpunkt dieses Berichtes konnte ich noch nicht ahnen, dass sich ausgerechnet der gleiche deutsche Bundeskanzler, von dem hier die Rede war, im Jahr 2002, also ein halbes Jahr später, diplomatisch auf die Seite der Gegner Amerikas verlagerte, und dadurch das Regime moralisch stützte. Aziz hat es nichts mehr geholfen, er wurde bald nach dem Einmarsch der Amerikaner in Bagdad gefunden und verhaftet.)

Im Hotel wollte ich mich zunächst umziehen, dann entschied ich mich, im Anzug zu bleiben. Ismail, der Fahrer, sollte mich zu den Silberhändlern auf dem Bazar bringen. Um dorthin zu gelangen, mussten wir durch die Altstadt westlich des Tigris fahren. Da herrschte um die Mittagszeit ein Verkehrsstau. Ständig wurde gehupt, Leute mit ihren Holzwägelchen überquerten abenteuerlich die Straße. Sie fuhren damit beispielsweise frisch genähte Anzüge und Ähnliches. Die Altbauten sahen ziemlich kaputt aus. Alles war grau in grau. Manchmal fehlte das obere Stockwerk. Was sich in den Häusern, hinter den schmalen Holztüren, abspielte, konnte man nur erahnen. Eng musste es dort aber sein. Der weiße Betonklotz, in dem die Nationalbank residierte, gegenüber der Markthalle für Alltagssachen, setzte da den richtigen Kontrast. Soldaten patrouillierten vor diesem Gebäude. Ich folgte Ismail in eine Seitengasse, die zum Silber- und Stoffmarkt führte. Im Gebäude kamen wir an Stoffhändlern und dergleichen vorbei. Es waren verschlungene Wege. Langsam dämmerte mir, was er vorhatte. Er wollte mich zu einem Freund bringen, damit dieser sein Geschäft mit mir machen könne. Als ob dieser Mann schon Bescheid gewusst hätte, empfing man mich vor seinem Laden. Der Sohn drückte mir im ersten Raum des großzügigen aber verschlungenen Magazins eine Flasche frische ›Pepsi-Cola‹ in die Hand. Nacheinander wurden die Glasvitrinen geöffnet. Der Händler wusste zu jedem Stück eine Geschichte zu erzählen. Die Teile, an denen ich besonderes Interesse zeigte, nahm er heraus. Ich inspizierte die Dinge genauer und stellte kleine Fehler fest. Das ließ der Händler nicht gelten. Eine wackelige Keksschale wurde dann schnell noch wertvoller, weil ja alles Handarbeit sei. Die Preise waren nicht akzeptabel. Ich wollte nicht mehr als 30 USD ausgeben. Schnell stellte ich fest, dass der Händler mindestens 40 USD einnehmen wollte. Diesen Preis hatte er immer wieder genannt – für die unterschiedlichsten und manchmal noch so kleinen Gegenstände. Im letzten Raum, dem für handgeknüpfte Teppiche und Tücher, standen die Gegenstände, die ich besonders oft angeschaut hatte, schon auf kleinen Tischchen bereit, als wenn ich sie alle bereits gekauft hätte. Für eine Schale und ein silbernes Puderdöschen zahlte ich dann statt der geforderten 80 immerhin noch 58 USD. Als ich gehen wollte, ließ der Händler Teppiche vor meinen Füßen ausrollen, obwohl ich kategorisch kein Interesse an so etwas hatte, schon aus Transportgründen. Die Prozedur war sehr anstrengend und ungewohnt. Ich fühlte mich von dem Fahrer überrumpelt und kaufte eigentlich nur, um nicht das Gesicht zu verlieren. Abends gegen 20 Uhr waren Ismail und Karim in der Lobby des Hotels verabredet. Es sollte das Programm für den morgigen Tag besprochen werden.

Ich erwartete schon seit Tagen einen privaten Anruf. Da das Telefonieren von hier aus wahnsinnig teuer war, beschloss ich, ins ›Business-Center‹ zu gehen und dort ein Fax zu senden, dass ich heute erreichbar sei. Ein junger Mann saß diesmal in dem kleinen Büro. Der erste Versuch, das Fax abzusenden, endete mit einem Piepton, der ›Communication Error‹ signalisierte. Dafür wollte der junge Mann 2 USD und 3000 Dinar berechnen. Ich wies ihn an, es noch einmal zu versuchen. Es klappte dann. Damit er das erste Fax nicht extra berechnete, musste ich ihn mit 1 USD bestechen. Er versicherte mir, mich wieder aus der Liste zu streichen. Der junge Bursche, der mir sein Alter verriet – 22 Jahre –, erzählte, dass er schon sieben Jahre im Hotel arbeite und eine Hotelfachschule besuche. Ich fragte ihn, ob es nicht so etwas wie Unterhaltung in Bagdad gebe. Er verneinte. Im Gegenzug fragte er mich, ob ich an seinen Frauenbildern im Computer interessiert sei. Neugierig ließ ich ihn den neuen Computer einschalten. Er öffnete eine Datei, in der ein paar Dutzend Frauenfotos gespeichert waren. Sie waren alle aus dem Westen und spärlich bekleidet oder halbnackt. Harmlos eigentlich. Auf jeder öffentlichen Werbung in Deutschland sah man inzwischen mehr Fleisch. Der junge Mann hütete diese Fotos aber wie einen Schatz. Ich solle der Hotelleitung bitte nichts davon erzählen, er bekäme sonst große Schwierigkeiten, bat er mich inständig. Ich nutzte die Gelegenheit, um zu fragen, ob man irgendwie ins Internet kommen oder Emails verschicken könne. Da müsse ich ins Informationsministerium gehen, bekam ich zur Antwort.

Wie abgemacht, ging ich um 20 Uhr in die Lobby. Karim kam jedoch nicht. (Er litt an einer schweren Erkältung, wie ich am nächsten Tag erfuhr.) So bat ich Ismail, mich noch einmal zu dem libanesischen Restaurant zu fahren. Heute waren immerhin zwei weitere Tische besetzt in dem Lokal. Nach dem Essen verabschiedete ich mich von Ismail und gab ihm 10 USD Trinkgeld.

Freitag, 23. November 2001

Im Hotelrestaurant bekam ich zwei ›gekochte‹ Eier serviert, die so weich waren, dass ich sie nicht schälen konnte. Sie zerbrachen in meinen Händen und waren ungenießbar. Außerdem kam der Tee nicht, obwohl ich ihn ausdrücklich bestellt hatte. Mittags schrieb ich in dieses Tagebuch. Dazu nahm ich auf einem weißen Plastikstuhl auf dem Balkon Platz und genoss die Aussicht über die Stadt. Gegen 14 Uhr machte ich mich auf den Weg zum Bazar, diesmal ohne Begleitung.

Ich ging über die Tigris-Brücke zur Altstadt. Da heute Freitag war – in den islamischen Ländern ist das der Feiertag –, waren erheblich weniger Läden geöffnet als üblich. Gegenüber der Nationalbank befindet sich die Markthalle für die Alltagssachen, Kleidung, Schuhe, Kosmetik etc. In dem Betongebäude, das von einem Saddam-Porträt geschmückt wurde, herrschte reges Treiben. Beim Handeln erfuhr ich, dass viele Produkte aus Südkorea, der Türkei oder Syrien stammten. Auch so einfache Sachen wie Kopftücher wurden zumeist importiert. Die Sachen waren für europäische Verhältnisse sehr billig. Beispielsweise kostete ein verziertes Seidentuch hier etwa 5 DM. Es war amüsant, die Händler dabei zu beobachten, wie sie nicht ohne Stolz hinter den Ständen offen ihre Bündel von Dinaren zählten. Ich wollte noch einmal zum Silbermarkt. Plötzlich sprach mich ein junger Mann an, der sich später als Saad vorstellte. Ich stand vor dem Eingang eines historischen Gebäudes, der wiederaufgebauten alten Universität Bagdads. Der Mann wollte, dass ich das Museum besichtigte. Nach kurzem Überlegen erklärte ich mich einverstanden. Es kostete im Übrigen nichts, was mich ein wenig stutzig machte. Nachdem ich einige Fotos gemacht hatte, kam Saad hinterher und versuchte zu erklären, wie die Menschen hier gelebt hätten. Er zeigte mir im Innern die Stelle in der Mauer, in der der König heimlich gesessen hätte, um den Vorlesungen zu lauschen. Anschließend sollte ich noch in seinen kleinen Museumsladen kommen. Dort waren vor allem Bücher und kleine Souvenirs ausgestellt. Nur erstere interessierten mich. Unter den Büchern befanden sich alte deutsche Exemplare, die auf dem Flohmarkt in Berlin vielleicht zwischen 5 und 10 DM kosten würden, hier jedoch für 10 bis 20 USD angepriesen wurden. Nach langem Überlegen entschied ich mich für die englischsprachige Saddam-Biografie von Matar von 1981, die einige interessante Fotos enthielt.

Ich unterhielt mich mit Saad. Außer seiner kleinen Hündin, die immerzu spielen wollte und sich auf den Rücken legte, um gekrault zu werden, war niemand anderes gekommen. Saad erzählte, dass er 24 Jahre alt sei und gerade eine Technikerausbildung mache. Nach dem Abschluss in drei Jahren – insgesamt dauere das Ganze fünf Jahre – müsse er noch eineinhalb Jahre zum Militär. Normalerweise müsse man sogar drei Jahre dienen, wenn man kein Studium vorzuweisen habe. Ich fragte ihn, ob er keine Frau oder Freundin habe. Er verneinte das mit der vagen Begründung, hier könne man nicht so frei lieben wie in Europa. Man könne nicht einfach so ein Mädchen kennenlernen. Langsam brach die Dämmerung herein. Der Markt war nicht mehr zugänglich. Ich verabschiedete mich und ging zu Fuß langsam über die Tigris-Brücke gleich hinter dem Gebäudekomplex. In der Nähe sah ich eine kleine eingezäunte Fläche für Ballspiele. Hinter dem Tor war ein Saddam-Porträt errichtet, dass den Diktator mit einem Jagdhut und einem Lodenmantel zeigte. Er schien auf die Fußball spielenden Kinder herunter zu lächeln.

Ich ging an der Uferbefestigung Richtung Hotel entlang. Das Ufer ist mit einer großen schrägen Mauer befestigt. Der Fluss hat keinen natürlichen Lauf. Bei einem alten Mann kaufte ich ein paar Süßwaren, die mit einer Ausnahme scheußlich schmeckten. Dieser freute sich sehr über mein Geschäft mit ihm. Dann kam ich plötzlich an einem Feld mit angeschwemmtem Plastikmüll vorbei, das fast bis zu den Haustüren reichte. Dass es hier so apokalyptisch aussah, schien niemanden zu stören. In der nun hereinbrechenden Dunkelheit ging ich an einem Luftabwehrdamm aus Erde vorbei, der offensichtlich das Informationsministerium für den Fall von Luftangriffen schützen sollte. Meine Schuhe waren inzwischen völlig eingestaubt. Kurz nachdem ich mein Zimmer betreten hatte, meldete sich Karim per Telefon. Er entschuldigte sich für die ›Versetzung‹ gestern Abend, aber er sei sehr krank gewesen. Jetzt säße er in der Hotellobby. Ob ich Zeit hätte, herunter zu kommen, wollte er wissen. Ich ging hinunter. Bei einer Tasse Kaffee unterhielten wir uns etwa eine Stunde. Er erzählte mir, dass er seit 1972 Mitglied der Baath-Partei sei. Seit 1999 arbeite er für die ›Organisation‹ als ›Information Director‹. Nebenbei sei er auch beim Informationsministerium tätig, genauer bei der ›Iraqi News Agency‹. Auf Rückfrage erklärte er, dass die ›Organisation‹ Beziehungen zu befreundeten Institutionen in sechsundfünfzig Ländern unterhalte. In Deutschland sei das die ›Deutsch-Irakische Gesellschaft‹ des Professor Dr. Walter Sommerfeld. Ob ich einen Dr. Gunter kenne, wollte er wissen. Ich verneinte. Wir kamen auf andere Dinge des Alltags zu sprechen. Er sagte, einen Mercedes könne man leicht nach Bagdad bringen, wenn man wolle. Das Fahrzeug könnte für 400 USD eingeschifft werden. Allerdings müsse man etwa 1100 USD Boarding-Licence bezahlen. Dann kämen noch etwa 2000 bis 3000 USD Auslagen hinzu. Wenn man den Wagen in Europa für 4000 USD kaufen könne, habe man bei etwa 5000 USD Gesamtunkosten noch immer einen Gewinn in Höhe von 1000

USD, sofern man das Auto hier für 10 000 USD an den Mann bringen könne. Da würde so mancher ein Geschäft daraus machen.

Ich wollte wissen, wie das mit den Grenzen hier sei. Wann benötigte man als Iraker ein Visum? Er sagte, visafreien Verkehr gebe es nur mit Syrien, Jordanien und dem Sudan. Dann kamen wir auf die Medien zu sprechen. Kürzlich sei eine Journalistin von CBS, einem amerikanischen TV-Sender, in Bagdad gewesen. Auf eine gezielt provokative Gegenfrage habe sie hinter vorgehaltener Hand geäußert, dass sie auch nicht glauben könne, dass der Irak irgend etwas mit diesen Anthrax-Fällen zu tun habe. (Inzwischen weiß man, dass dies reine Spekulationen waren.)

Mit der Behauptung, man bilde in heimlichen Trainingslagern Flugzeugentführer und Terroristen aus, wolle man – so Karim – nur den schlechten Ruf seines Landes weiter verstärken, denn wie solle so etwas gehen? Es gebe zur Zeit nur eine einzige betriebsbereite Boeing 707 und die sei pausenlos im Einsatz. Da gebe es keine Zeit, das Flugzeug für solche Dinge zu nutzen. Der Irak habe niemals diplomatische Beziehungen zum Taliban-Regime in Afghanistan unterhalten. Bei den Paschtunen handele es sich um eine Volksgruppe mit einer speziellen Ausrichtung innerhalb des Islam, die auch in Saudi-Arabien sehr verbreitet sei. Ich wollte weiter wissen, wie es mit den beiden Präsidentensöhnen Qussay und Uday weitergehe. Der ältere, Uday, sei jetzt Vorsitzender einer regionalen Parteigliederung der Baath-Partei. Da gebe es so eine Art Regionalgremium. Der jüngere Präsidentensohn, Qussay, sei jetzt bei einem ›Youth TV Channel‹ eingestiegen. Offiziell gebe es zur Zeit drei TV-Kanäle im Irak: 1. Iraqi Satellit TV; 2. (lokal) Youth TV; sowie 3. Iraqi TV. Außerdem sei Qussay Mitglied einer Studentenvereinigung. Ich fragte gezielt, ob die Nachfolge von Saddam Hussein schon diskutiert worden sei. Karim meinte, es sei nicht automatisch so, dass ein Sohn des Präsidenten diesem in seinem Amt nachfolgen werde. Da habe die Partei noch ein Wörtchen mitzureden. Bis jetzt sei da noch gar nichts entschieden. Wir kamen auf den Kommandorat der Revolution (RCC) zu sprechen. Es gebe praktisch keine jüngeren Mitglieder in diesem wichtigen Gremium. Von den elf Mitgliedern gehöre keines der jüngeren Generation an. Da säßen nur diejenigen, die 1968 schon dabei gewesen seien. Ich bat ihn, mir eine Liste der letzten Wahlen hierzulande zuzusenden. (Er versprach dies mehrmals, obwohl eine derartige Liste nie in meine Hände gelangte.) Am nächsten Vormittag um 10.30 Uhr wollte er nochmal zum Hotel kommen, um mit mir alle Einzelheiten der Abreise zu besprechen. Er werde mir dann einen Begleitbrief der ›Organisation‹ überreichen, damit ich in den Genuss eines erleichterten Grenzübertritts nach Syrien komme.

Gegen Mitternacht ging ich nochmal hinaus in die Stadt. Ich überquerte die Brücke und spazierte in Richtung Norden. Um diese Zeit waren noch viele Taxifahrer unterwegs, die Ausschau auf willige Opfer hielten. Einer war sehr penetrant. Er wollte nicht mehr von meiner Seite weichen. Ich musste fast lachen, so dreist war der. Er fuhr mir ständig nach. Einige wenige Cafés hatten noch geöffnet. Da saßen jeweils eine Handvoll junger Männer, die sich amüsierten. Plötzlich erschallte eine laute moderne Musik. Irgendwo musste ein Lautsprecher sein. Ich war verwundert über die Lautstärke. Ich ging dann an dem Café vorbei, das für diese Lärmbelästigung verantwortlich war. Um diese Zeit waren wirklich keine Gäste mehr anzulocken.

Samstag, 24. November 2001

Karim erschien wie verabredet um 10.30 Uhr in der Hotellobby und übergab mir sogleich den Brief von der ›Organisation‹. Ich zahlte meine Schulden an der Hotelrezeption. Für das Telefon musste ich tatsächlich etwa 25 USD ausgeben – für ganze fünf Minuten Gesprächsdauer. Beim Taxischalter neben der Rezeption – dort saß nur eine jüngere Frau mit einem Block und einem Telefon – hatte ich mich gestern schon mal nach den Preisen nach Damaskus erkundigt. 130 USD sollte die Fahrt kosten. Ich fragte Karim, ob er ein billigeres, vielleicht eines für 110 USD besorgen könne. – Kein Problem, versicherte er, vielleicht koste es auch nur 100 USD. Er werde sich darum kümmern. Ich gab Ismail dann 100 USD.

Bis etwa 15.30 Uhr nutzte ich die Zeit, um dieses Tagebuch weiter zu führen, ehe ich in aller Ruhe zu packen begann. Dann ging ich mit allem in die Lobby. Karim wartete schon auf mich. Kurz vor 16 Uhr gingen wir, das heißt Karim, Ismail und ich, hinaus vor das Hotel. Ein amerikanischer Landrover und dessen Fahrer standen bereit. Karim meinte, das Taxi koste leider 110 USD. Ich sagte wahrheitswidrig, dass ich keine kleine Banknote mehr hätte. Ok., er werde das übernehmen, war seine Antwort. Ich musste meine restlichen Dollarnoten hüten, denn ein wenig Geld in kleineren Banknoten brauchte ich bestimmt noch. Das war auch absolut zutreffend, wie sich später herausstellte. Ich hatte übrigens gut kalkuliert: Mir blieb genau 1 US-Dollar-Note in der Geldbörse, als ich Deutschland wieder betrat.

Dann ging es zurück nach Damaskus. Der Taxifahrer lenkte seinen Wagen mit einer durchschnittlichen Geschwindigkeit von neunzig bis hundert Meilen. Die Autobahn war ja gut genug ausgebaut. Bei der Grenze tankte er noch einmal auf der irakischen Seite. Dann kam der erste Schlagbaum an der Grenze. Nachdem wir diesen passiert hatten, hielt der Taxifahrer, um mit seinen Papieren – der Taxilizenz oder was immer das war – in ein kleines Haus zu gehen. In der Mitte der Grenzanlage gelangte man ebenfalls zu einem Haus, indem offensichtlich speziellere Reisende abgefertigt wurden. Dort saßen in einer kleinen Amtsstube, die mit einem Heizlüfter ausgestattet war, zwei Grenzbeamte. Der jüngere erzählte mir von seinem Vater, der in Stuttgart als Gastarbeiter tätig sei, ehe er mir einen Tee servierte. Der andere machte anhand meines Passes und des Visums ein paar handschriftliche Eintragungen in ein großes Registerbuch. Ich hatte den Brief der ›Organisation‹ überreicht. Die Eintragung dauerte, so dass ich dachte, er schreibe meinen ganzen Pass ab. Mir wurde die zweite Tasse Tee angeboten und die zweite Zigarette. Ich entbehre 2 USD Trinkgeld. Es war ein bisschen wenig, aber ich musste – wie gesagt – ein bisschen haushalten mit den Scheinen. Jetzt hatte ich noch 10 USD. Der Heizlüfter vor meinen Füßen wärmte inzwischen nicht nur diese auf, sondern auch meine Fototasche, die ich aus Versehen zu nahe an das Gerät gestellt hatte. Schnell zog ich sie weg.

Es kam der letzte Balken der irakischen Grenze. Mein Reisepass wurde noch einmal genau geprüft. Da standen vier als Bauern verkleidete Männer, die alle in Kopftücher gehüllt waren, weil es inzwischen sehr kühl geworden war. Einer erwiderte mein Lächeln. Nach insgesamt etwa 30 Minuten hatten wir die Grenze passiert. Es folgten etwa fünf Minuten Fahrt, ehe die syrische Anlage kam. Mein Fahrer wollte 5 USD. Ich gab sie ihm unwidersprochen, obwohl ich mir nicht sicher war, wozu dieses Geld gebraucht werde. Bei der Einreise musste ich jedenfalls kein ›Extrageld‹ bezahlen.

Sonntag, 25. November 2001

Ziemlich genau um 1.00 Uhr irakischer Zeit (das entspricht 0.00 Uhr syrischer Zeit) hatten wir den Flughafen in Damaskus erreicht. Vor dem Gebäude geriet der Taxifahrer mit zwei syrischen Polizisten in Streit. Ich nahm mein Gepäck und verabschiedete mich schnell von ihm. Es folgte eine lange Nacht des Wartens, denn mein Flug sollte erst am Morgen stattfinden. Wie sollte ich das in der unwirtlichen Eingangshalle überwinden? An Schlaf war hier nicht zu denken. So beobachtete ich eine Großfamilie, die sich vor der Abreise von ihren Liebsten trennen mussten. Bei den Frauen flossen reichlich Tränen, die Männer küssten sich links und rechts sorgfältig ab.

Jetzt, da ich das letzte Mal in dieses Tagebuch schrieb, war es 5.40 Uhr. Mehr Leute kamen herein. Es war relativ kalt. Überall der Schmutz. Kein Schlaf. Ich freute mich auf das Flugzeug.

Im Flieger rekapitulierte ich meine Reisen in den Irak. Die Kultur, die ich gesehen hatte, war wirklich sehr anders als wir Europäer es gewohnt waren. Dort fand man keinen McDonalds, der mal als kleine Insel dienen konnte, um sich langsam umstellen zu können. Es gab kaum Vertrautes. Abgesehen von den vielen interessanten Gesprächspartnern fühlte ich mich diesmal nicht besonders wohl. Wenn ich an das Elend denke, das ich dort gesehen habe, muss ich nicht wieder kommen. Es gibt auch sonst kaum etwas Erfreuliches zu berichten. Wie der Alltag dieser Welt aussah, konnte ich allerdings wegen der kurzen Dauer der Reise nicht in Erfahrung bringen. Trotzdem war es eine der interessantesten und denkwürdigsten Reisen, die ich je unternommen habe. Politisch gesehen vielleicht die wichtigste.

Im Kanzleramt II
II. Memorandum

Montag, 17. Dezember 2001

Just zu der Zeit, als ich mich zum zweiten Mal in Bagdad aufhielt, trat ›Schröders engster Berater‹ (Die Welt) in außenpolitischen Fragen am 21. November 2001 zurück. Die sogenannte Kaviar-Affäre überschattete den SPD-Parteitag. In *Der Welt* hieß es dazu:

»Der überraschende Rücktritt des Kanzlerberaters Michael Steiner hat in der Bundesregierung erneut schwere Turbulenzen ausgelöst und den SPD-Parteitag überschattet. Steiner hatte Bundeskanzler Schröder gebeten, ihn von seiner Aufgabe als außenpolitischer Berater zu entbinden.« ... »Der umstrittene Berufsdiplomat zog damit die Konsequenzen aus der so genannten ›Kaviar-Affäre‹. Steiner hatte Bundeswehrsoldaten auf dem Moskauer Flughafen am 2. November mehrfach beschimpft und unter anderem als ›Arschlöcher‹ tituliert. Steiner war offenbar wegen Verzögerungen ungehalten geworden und soll verlangt haben, dass ihm Kaviar serviert werde, wenn er schon so lange warten müsse. Ein Oberfeldwebel habe ihm den Wunsch abgeschlagen, woraufhin Steiner die Soldaten beleidigt habe. Ein Sprecher des Verteidigungsministeriums bestätigte, dass sich die Soldaten in Berlin beklagt haben.«

»Der 51-jährige Ministerialdirektor Steiner nahm in der Umgebung Schröders eine herausgehobene Position ein und begleitete den Kanzler in den vergangenen drei Jahren bei fast allen Treffen mit ausländischen Regierungschefs und auf seinen Auslandsreisen. Der Völkerrechtler ist zu weiten Teilen mitverantwortlich für die Neudefinition der deutschen Außen- und Sicherheitspolitik nach den Terroranschlägen vom 11. September. Steiner war bereits mehrfach in politische Affären verwickelt und wegen seiner rauen Umgangsformen des Öfteren negativ aufgefallen. – ›Größenwahn‹ warfen ihm nun Kommentatoren und Beobachter vor.«

»Die Union begrüßte den Rücktritt. CDU/CSU-Fraktionschef Friedrich Merz sagte der WELT, dies sei ein ›konsequenter Schritt. So darf sich ein Diplomat und Berater des Kanzlers nicht benehmen.‹ Der Parlamentarische Geschäftsführer der Unionsfraktion, Hans-Peter Repnik, sagte: ›Steiner bildete die deutsche Außenpolitik leider treffend ab; arrogant und bedeutungslos. Im Parlament zieht Schröders eigene Mannschaft nicht mit, im Ausland benimmt sie sich daneben. Da wird Deutschland im Bündnis natürlich nicht ernst genommen.‹«

Ich persönlich schätzte die Arbeit von Michael Steiner nicht so negativ ein, und bedauerte den überraschenden Abgang. Deutschland war als eines der wichtigsten NATO-Länder in Europa in diesen außenpolitisch brisanten Zeiten täglich gefordert.

Kurz vor Weihnachten kam ich erst dazu, das ›Zweite Memorandum zur politischen Lage im Irak‹ fertig zu stellen:

Vorbemerkung

Im Mai diesen Jahres nahmen die Fachausschuss-Mitglieder xxx und Siegfried Seidl an dem ersten und bislang einzigen Direktflug von Frankfurt a. M. nach Bagdad, Irak, teil. Der Unterzeichnende ist auf Einladung des Vorsitzenden der ›Organisation für Freundschaft, Solidarität und Frieden‹, Herrn Dr. Al-Hashimi, vom 18. bis zum 25. November 2001 nochmals als Privatperson nach Bagdad gereist, um sich über die neuere politische Lage in dem Land nach den Ereignissen vom 11. September 2001 kundig zu machen. Der frühere irakische Botschafter in Bonn, Dr. Al-Hashimi vermittelte unter anderem Gespräche mit Repräsentanten der Exekutive, darunter dem Stellvertretenden Premierminister Tareq Aziz, des Parlaments, der Universität sowie des ›Hauses der Weisheit‹ (Bayt ul Hikma), der höchsten wissenschaftlichen Einrichtung des Landes. Der Unterzeichnende hat die Gelegenheit genutzt, sich durch vielseitige Kontakte mit der Bevölkerung ein unmittelbares Bild von der derzeitigen Versorgungslage des Landes zu machen. (Dieses Memorandum knüpft an die erste Stellungnahme vom 25. Juni 2001 an:)

Der Irak und die UNO

Die irakische Regierung hat ihre Haltung zur UN-Sanktionspolitik, die im Wesentlichen von den USA und Großbritannien geprägt ist, nicht verändert. Durch die Ereignisse des 11. September 2001 und den daraus folgenden indirekten Drohungen seitens der USA hat sie die verbalen Angriffe, die auf einer tiefen Abneigung gegenüber der derzeitigen Politik basieren, ständig verschärft. An ein Tauwetter im Verhältnis zur UNO ist nicht zu denken.

Während sich die Idee der USA und Großbritanniens, durch sogenannte ›Smart Sanctions‹ die Versorgungslage im Land zu verbessern, mangels Einigung der fünf Veto-Mächte vorerst erledigt hat, scheinen sich die Bedingungen für das sogenannte Oil-for-Food-Programm der UN ebenfalls verschlechtert zu haben. Zarte Versuche, den Westen wirtschaftlich wieder näher an das hochgradig isolierte Land heranzubringen, wurden durch die neuen Spekulationen über irakische Massenvernichtungswaffen abgewürgt. Darüber kann auch der Zweckoptimismus der Iraker nicht hinwegtäuschen, der aus der angeblich gut besuchten diesjährigen Industriemesse in Bagdad resultiert (1.650 Firmen aus 48 Ländern, darunter 112 aus Deutschland, sollen daran teilgenommen haben).

Die Möglichkeit des Landes, die sogenannte Öl-Waffe einzusetzen, das heißt das Fördervolumen an Rohöl für politische Zwecke zu manipulieren, scheint zunehmend eingeschränkt zu sein durch die eklatanten Versorgungsengpässe bei den Ersatzteilen. Darin liegt auch das Dilemma bei der Diskussion über die sogenannten Dual-Use-Produkte. Offenbar nehmen die USA und Großbritannien sehenden Auges in Kauf, dass durch diese Restriktionen nicht nur die einmal beachtliche *Militär*industrie, sondern auch die *Versorgungsgüter*industrie des Landes nachhaltig zerstört wird.

Die innenpolitische Lage im Irak

Der Unterzeichnende kann an das im Ersten Memorandum vom 25. Juni 2001 Gesagte anknüpfen. Es gibt nach wie vor weder im Alltagsleben noch in den Büros Anzeichen dafür, dass die Solidarität mit Saddam Hussein im Volk und bei den Herrschenden abbröckelt.

Nur selten sieht man im Stadtbild einmal ein Musikgeschäft, das gebrannte CDs von westlichen Interpreten wie Britney Spears anpreist, wobei neben den Popikonen selbstverständlich – aus Angst oder Überzeugung – das Foto eines milde lächelnden Saddam Hussein klebt. Nach über zehn Jahren Isolation wächst in den Straßen Bagdads eine Generation heran, die eine westliche Lebensart im Gegensatz zu den Eltern überhaupt nicht mehr kennt. Lediglich die alten ›Straßenkreuzer‹ aus den 70er und frühen 80er Jahren erinnern noch augenscheinlich an einen einstmals besseren Lebensstandard. Inzwischen sind diese Relikte jedoch so abgenutzt, dass dies nur mit dem Anachronismus in Kuba zu vergleichen ist.

Über die Nachfolge Saddam Husseins aus irakischer Sicht lässt sich nur spekulieren. Fest steht, dass dessen Söhne im Establishment bei weitem nicht so beliebt sind wie er. Man verweist auf die demokratischen Regeln im Baath-System. Sowohl Udday Hussein als auch Qussay Hussein haben jedoch inzwischen Positionen in der Partei, in der Gesellschaft und bei den Medien übernommen, so dass auch im Baath-System mit ihnen zu rechnen ist. Im Ernstfall dürfte sich innerhalb des Establishments wohl keiner gegen sie stellen, zumal dieses überaltert ist und jüngere Konkurrenten bislang nicht in Erscheinung getreten sind bzw. in Erscheinung treten konnten. Alle anderen Varianten eines Umsturzes in diesem Land – Attentat, Militärputsch, Volksaufstand, politische Opposition außerhalb der Baath-Partei – halte ich ebenfalls nach wie vor für ausgeschlossen. Es gibt weder die Ressourcen, noch das erforderliche öffentliche Klima für solche Coups. Alle bisherigen Attentatsversuche waren erfolglos; Saddam Hussein hat ein vielfältiges Sicherheitssystem um sich herum aufgebaut, das auch funktioniert. Für einen Militärputsch fehlt nicht nur die charismatische Führungspersönlichkeit, sondern auch der Rückhalt in der Elite des Landes. Das Interesse des Volkes an einem Aufstand dürfte schon wegen der negativen Erfahrungen in der Vergangenheit und dem Doppelgesicht des Westens hierzu äußerst begrenzt sein. Die politische Opposition ist uneinig und hat keine ernstzunehmende Basis im Land.

Es bliebe der Sturz durch eine äußere Macht. Dies würde jedoch einen Krieg unter der Führung der USA gegen dieses Land bedeuten. Amerika ist gut beraten, davon Abstand zu nehmen, da ein dritter Konfliktherd neben Afghanistan und Palästina eine neue ungeahnte Dimension in der Auseinandersetzung mit dem internationalen Terrorismus bedeuten würde und die Ziele einer derartigen Operation äußerst unklar zu definieren wären. Eine ernsthafte Bedrohung für den Weltfrieden seitens des Irak ist sowohl unter dem Gesichtspunkt des internationalen Terrorismus als auch unter demjenigen von Massenvernichtungswaffen sehr zweifelhaft. Ein *direkter* Zusammenhang zwischen Bin Ladens Taten und dem Irak ist so gut wie ausgeschlossen. Von Seiten des terroristischen Islamismus gibt es keine gemeinsame Basis mit dem Baath-System des Irak. Die religiös motivierte Sache Bin Ladens ist nicht diejenige des extrem säkularen Saddam Hussein, ungeachtet der Instrumentalisierung des Irak durch Bin Laden. Letzterer hat nichts gemein mit einem arabischen Herrscher, der ungeachtet der grausamen Methoden als extremer Modernisierer gilt: Im Irak ist man stolz, dass z. B. die Hälfte der Studierenden an den Rechtswissenschaftlichen Fakultäten Frauen sind. Alle neuerlichen Auseinandersetzungen zur Frage der Massenvernichtungswaffen (z. B. UN-Inspektionen, Flugverbotszonen etc.) sind in aller Härte bereits vor dem 11. September geführt worden und haben keine neuen Erkenntnisse gebracht.

Die Außenpolitik des Irak

Der ›kubanische Weg‹ des Irak ist auch in der Außenpolitik wesentlich wahrscheinlicher als z. B. der ›libysche‹. Das Regime ist der festen Überzeugung, dass sich ausschließlich der Westen zu bewegen habe. Für eine Revision oder Rückbesinnung auf eine vernünftige Exit-Strategie scheint es aus systemimmanenten Gründen keinen Spielraum zu geben. Zum einen spielt hierbei nach wie vor die Gesichtswahrung eine große Rolle, zum anderen ist das System streng hierarchisch aufgebaut. Unterdessen scheint im Mittelbau des Establishments durchaus der Wunsch zu bestehen, Bewegung in die verfahrene Sache zu bringen. Das wird auch offen zum Ausdruck gebracht. Saddam Hussein selbst hingegen ist sich offenbar sicher, in Russland, China und begrenzt vielleicht auch in Frankreich genug Fürsprecher im UN-Sicherheitsrat zu haben, die Amerika und Großbritannien davon abhalten, weitergehende militärische Maßnahmen gegen den Irak einzuleiten. In der Tat herrscht vor allem in Russland – das jetzt Handelspartner Nr. 1 ist – fast einmütig die Auffassung, dass ohne ein neues UN-Mandat derartige Maßnahmen scharf missbilligt würden. Worauf sollte sich jedoch ein derartiges Mandat stützen? Für eine direkte Verwicklung in den internationalen Terrorismus seitens des Irak gibt es – wie gesagt – keinerlei Beweise, nicht einmal Indizien. Die Sache mit den Massenvernichtungswaffen steht nicht in direktem Zusammenhang mit den Terroranschlägen vom 11. September, sondern resultiert aus einem völlig anderem Kontext, nämlich der ambivalenten Haltung des Westens in der Irak-Iran-Auseinandersetzung in den 80er Jahren.

Nach wie vor ist das Establishment im Irak enttäuscht von der deutschen Außenpolitik gegenüber dem Irak. Man kann nicht verstehen, warum es nicht wenigstens Zwischentöne von Seiten der Bundesrepublik Deutschland gegeben hat bzw. gibt. Inzwischen scheint eine Art Resignation eingetreten zu sein (Aziz: ›Iraq and Germany can live without each other.‹) Der politische Einfluss Deutschlands scheint mehr und mehr zu schwinden, ungeachtet der hohen Achtung, die jedem Deutschen in diesem Land immer noch entgegen gebracht wird. Man spricht in der Führung offen aus, dass man sich mit der völligen Bewegungsunfreiheit Deutschlands abgefunden hat, während viele Honoratioren noch nach Erklärungsmustern suchen. Gegen die libysche Karte wird der ernstzunehmende Einwand erhoben, dass es eine ähnliche Schuld, wie sie Libyen gegenüber Deutschland wegen seiner Taten (›La Belle‹) hat, nicht gibt und es deshalb keine moralische Berechtigung für eine derartige Bewegung gibt. Das nachlassende Interesse seitens des Irak wird verstärkt durch die immer weiter ins Abseits geratenen bilateralen Wirtschaftsbeziehungen zwischen beiden Ländern. Zur Zeit nehme Deutschland den 18. Platz ein, weit abgeschlagen hinter einer Reihe von anderen asiatischen und europäischen Ländern, heißt es im Handelsministerium. Seit 1996 belaufe sich das Handelsvolumen auf 675 Mio. USD, während allein im Jahr 1989 das Volumen 2,4 Mrd. USD betragen habe.

Nach wie vor spricht man von den Deutschen als den ›Freunden‹. Dies ist ein wichtiger psychologischer Unterschied zu den führenden NATO-Ländern USA und Großbritannien. In der Bevölkerung gibt es übrigens keinerlei Ressentiments gegenüber einem deutschen Ausländer. Ich bin während meiner ausgiebigen Spaziergänge durch die Stadt und durch die Bazare nur auf freundliche, zuweilen neugierige Menschen, gestoßen. Ein älterer Bonbon-Händler hat sich übermächtig gefreut, dass ich ihm für ein paar Pfennige einige Süßigkeiten abgekauft habe. Auf dem Bazar kann man mächtig handeln, ohne schief angeschaut zu werden.

Schlussbemerkung

Das Hauptproblem in der verfahrenen Situation der westlichen Irak-Politik besteht darin, dass eine Änderung dieser Politik zugunsten der Aufhebung oder Lockerung der Sanktionen ein gewaltiges Credibility-Problem für die USA bedeuten würde. Unbestreitbar gibt es zahlreiche humanitäre Gründe, die für eine Aufhebung des Embargos sprächen. Russland, China und viele Mittelmächte wären zudem bestimmt grundsätzlich bereit, einen solchen Schritt zu unternehmen. Bei den beiden genannten Großmächten spielen Menschenrechtsfragen und Glaubwürdigkeit keine große Rolle in der öffentlichen Meinung. In den USA, in Großbritannien und auch in Deutschland hingegen würde die Kehrtwende das Eingeständnis einer Niederlage bedeuten. Diese Demütigung wegen einer Falschkalkulation kann keine demokratisch gewählte westliche Regierung ohne massiven Ansehensverlust überstehen, wenn die Gegenseite ihr nicht wenigstens eine Brücke baut. Damit ist das eigentliche Dilemma umschrieben: Der Irak seinerseits ist nicht bereit, die ›libysche Karte‹ zu spielen, d. h. in kleinen Schritten rhetorisch und dann auch diplomatisch ›abzurüsten‹, um sich zumindest bei den Europäern neues Gehör zu verschaffen – und dies hat eine innere Begründung, da man sich nicht in der Bringschuld sieht (Die neomoderne und im Übrigen sehr gesinnungsethisch daher kommende Theorie, dass Verletzung von Menschenrechten in einem Drittland gleichzeitig alle Länder ›verletze‹, will im Irak keiner von den Verantwortlichen verstehen.).

Somit blieb es bis heute beim Status quo des ›Kalten Krieges‹. Die europäische und deutsche Diplomatie sollte hingegen keine Mühen scheuen, dass es – wenigstens – bei diesem Status quo bleibt, denn ein ›heißer Krieg‹ wäre unkalkulierbar. In einer Epoche großer Umbrüche kann man nur begrenzt Konflikte gewaltsam lösen, wenn es keine direkte Bedrohung gibt. Eine derartige direkte Bedrohung geht vom Irak zur Zeit zumindest nicht über das Maß hinaus, das vor dem 11. September 2001 bestanden hat, im Gegenteil. Um aber diese Probleme sachgerecht und diplomatisch erfolgreich zu lösen, bedarf es einer schlüssigen Gesamtstrategie, die offensichtlich noch nicht vorliegt.

Berlin, 17. Dezember 2001, Siegfried H. Seidl

Dienstag, 19. März 2002

Per Fax bat ich um einen Gesprächstermin beim neuen außenpolitischen Berater von Kanzler Gerhard Schröder, Botschafter Dr. Dieter Kastrup. Unter der Überschrift »Formvollendet« schrieb die Frankfurter Allgemeine Zeitung am 8. Januar 2002 über ihn:

»Für Dieter Kastrup muß es nicht immer Kaviar sein, obwohl ihm die Mitarbeiter der New Yorker UN-Vertretung davon reichlich mit auf den Weg gaben ...(D)er Diplomat ist in vieler Hinsicht das genaue Gegenteil Steiners: immer höflich, zurückhaltend, nachdenklich und überlegt. Daß er aus der Rolle fällt oder Untergebene anbrüllt, ist bei Kastrup schwerlich vorstellbar. Mit ihm wird also auch wieder ein milderer Umgangston in das Kanzleramt und dessen außenpolitische Abteilung einziehen.«

»Der Konzert- und Opernliebhaber Kastrup zählt wahrscheinlich zu den erfahrensten Diplomaten Deutschlands ... 1994 wurde er als Botschafter nach Rom und 1998 zu den Vereinten Nationen nach New York entsandt. Auf letzterem Posten tat sich der Vater zweier erwachsener Söhne zunächst schwerer als anderswo, weil ihm die Stadt der Wolkenkratzer ebenso wie das multilaterale Geschäfts bei den UN sperrig vorkamen. Gleich von Anfang an riet er zur Zurückhaltung beim Werben um einen ständigen Sitz Deutschlands im UN-Sicherheitsrat. Mancher UN-Interessierte in Deutschland nahm ihm diesen Mangel an Engagement übel. Er selbst bezeichnet es bis heute als einen Akt von Realismus, sich in dieser Frage nicht unnötig aufzudrängen, denn er sehe auf absehbare Zeit ohnehin keine Möglichkeit für die Erweiterung des höchsten UN-Gremiums. Schröder wird Kastrup aber nicht nur wegen seiner gemäßigten Anschauungen nützlich sein, sondern auch, weil er den Kampf gegen den Terrorismus in den vergangenen Monaten aus einem diplomatischen Blickwinkel bei den Vereinten Nationen unmittelbar miterlebte. Das Thema wird beide auch im Wahljahr begleiten.«

Mittwoch, 20. März 2002

Bereits einen Tag nach meiner Anfrage erhielt ich einen Anruf aus dem Kanzleramt, dass Herr Kastrup leider keine Zeit habe, sich mit mir zu treffen, sich aber der stellvertretende Leiter der Außen- und Sicherheitspolitischen Abteilung, Herr Hans-Henning Blomeyer-Bartenstein, gerne mit mir unterhalten würde.

Nachwort

Das Gespräch fand erst einige Wochen später, im Frühsommer 2002, statt. Herr Blomeyer-Bartenstein empfing mich im Kanzleramt. Ich hatte ihm vorab einige Informationen über meine zweite Reise in den Irak übermittelt. Sein Mitarbeiter, der mich aus der Tiefgarage abholte, fragte mich, warum ich nicht im diplomatischen Dienst tätig sei, das wäre doch etwas für mich. Ich antworte ihm, dann könnte ich wohl nicht solche Reisen durchführen, was er kühl und sachlich zur Kenntnis nahm. Man begegnete mir außerordentlich sachlich und zugeknöpft, ich merkte den Unterschied zu Michael Steiner, der seine Meinung direkt äußerte.

In dieser Zeit ist alles in Schwebe, der Bundestagswahlkampf läuft sich immer wärmer. Es gibt keine großen Aussagen von Seiten der rot-grünen Bundesregierung zu den Plänen der US-Administration, den Irak im Rahmen der neuen Doktrin der ›vorbeugenden Selbstverteidigung‹ anzugreifen und das Regime von Saddam Hussein zu stürzen. Die Friedrich-Ebert-Stiftung veranstaltete schon im April unter der Leitung von Michael Lüders eine zentrale Veranstaltung mit dem Titel *Der Nahe Osten nach Saddam Hussein – Herausforderungen für die europäische Außen- und Sicherheitspolitik*. Allein für die Titelgebung wurde Herr Lüders in der im Grand Hotel Esplanade Berlin stattfindenden Konferenz mit hochkarätigen Teilnehmern u. a. aus Marokko, Kuwait, Syrien, Jordanien, Iran und der Türkei, scharf kritisiert. Denn langsam erwacht die deutsche Friedensbewegung, die einen neuen ›imperialistischen Krieg‹ der USA heraufziehen sieht.

Herr Blomeyer-Bartenstein berichtet nur, dass das Thema Irak ganz hoch angesiedelt sei, und täglich Beratungen darüber stattfänden. Ich sage am Ende des Gesprächs, dass das Regime von Saddam Hussein vollkommen unnachgiebig ist, und dieses Land deshalb, unabhängig von den Plänen der Vereinigten Staaten, weiter hart eingedämmt werden sollte. Schröders Mitarbeiter widerspricht nicht und sagt, ehe wir uns die Hände geben, dass das ganz klar auch die Auffassung des Hauses sei.

Erst Monate später, im Spätsommer 2002, entdeckte Bundeskanzler Gerhard Schröder (SPD) das Thema ›Irak‹ als Wahlkampfschlager. Nach dem Einbruch der Wirtschaft im Zuge des ›11. September‹, der New-Economy-Krise und der Einführung des Euro ist das einst so glänzende rot-grüne Projekt mit niederschmetternden Umfragewerten konfrontiert. Die Wiederwahl ist alles andere als sicher. Sein medial wirksamer Einsatz in den Hochwassergebieten in Sachsen reichte dem Kanzler offenbar nicht aus, die schwindende Wählergunst zurück zu gewinnen. Das Thema verfing sofort. Anti-amerikanische Stimmung beherrschte nunmehr den Wahlkampf. Sie nahm ungeahnte Formen an. Unüblich viele Wähler im Osten machten ihr Kreuz bei der SPD.

Die politische Erzählung, man habe nur von außen versucht, Einfluss auf die US-Politik zu nehmen und sei vom US-Präsidenten George W. Bush hintergangen worden, kann heute als historisch widerlegt gelten. Dazu hat Edgar Wolfrum in seinem gründlich recherchierten Standardwerk *Rot-Grün an der Macht. Deutschland 1998 – 2005* noch einmal zusammengefasst, was an zeitgeschichtlichem Befund schon 2003 in der Publikation von Stefan Aust/Cordt Schnibben *Irak. Geschichte eines modernen Krieges* vorlag. Zum Staatsbesuch von Schröder und Fischer am 31. Januar 2002 in Washington wird bei Aust notiert: »Jeder, der hier sitzt, weiß, dass der Irak das nächste Angriffsziel der Vereinigten Staaten sein wird ... Es war eigentlich klar, was passieren würde.«

Im Rückblick sind die damaligen politischen Anklagen von Seiten Deutschlands, Russlands und Frankreichs nie Teil einer Lösung gewesen, sondern nach meiner festen Überzeugung auch Teil des Problems. Der Westen, insbesondere Europa, war in dieser Zeit tief gespalten, man denke nur an Donald Rumsfelds Einteilung des Kontinents in ein ›old Europe‹ und ein ›new Europe‹. Ideologisch geleitete ›Alpha-Tiere‹ finden in Gesprächen nicht zueinander und pflegen keinen Gedankenaustausch mehr. Der entrückte Diktator Saddam Hussein glaubte vielleicht, wegen dieser Uneinigkeit in letzter Konsequenz doch verschont zu bleiben.

In seiner Schrift *Politik als Beruf* unterteilt der Soziologe Max Weber das politische Denken in eine gesinnungsethische und eine verantwortungsethische Richtung. Der Unterschied zwischen beiden Weltanschauungen sei, dass der Gesinnungsethiker nicht an die Folgen für sein Handeln oder sein Unterlassen denke, sondern nur an die »gute Gesinnung«. Max Weber schreibt: »Wenn die Folgen einer aus reiner Gesinnung fließenden Handlung üble sind, so gilt ihm nicht der Handelnde, sondern die Welt dafür verantwortlich, die Dummheit der anderen Menschen oder – der Wille Gottes, der sie so schuf. Der Verantwortungsethiker dagegen rechnet mit eben jenen durchschnittlichen Defekten der Menschen, ... er fühlt sich nicht in der Lage, die Folgen eigenen Tuns, soweit er sie voraussehen konnte, auf andere abzuwälzen.« Bis ins Jahr 2002 galt auch der Satz Hans-Dietrich Genschers, wonach man Außenpolitik nie zur Magd der Innenpolitik machen solle.

Die Bundesregierung wählte in den Jahren 2002 und 2003 den gesinnungsethischen, innenpolitischen Weg, was nach den Bundeswehreinsätzen auf dem Balkan und in Afghanistan wohl einen Ausgleich für die Mitte-Links-Wähler schaffen sollte. Das entpuppte sich in meinen Augen als großer Fehler, denn spätestens im Sommer 2002 zeichnete sich eindeutig ab, dass die US-Administration zu einem Militärschlag entschlossen war. Jeder Widerstand und jeder Protest der europäischen Bündnispartner oder anderer Mächte war deshalb zwecklos.

Vordergründig wurde die Haltung der Bundesregierung damit gerechtfertigt, ansonsten mit eigenen Truppen in ein ›militärisches Abenteuer‹ in einem islamischen Land hineingezogen zu werden. Dies war von Anfang an ein Mythos, denn die US-Administration verlangte zu keinem Zeitpunkt, dass Deutschland eigene Truppen stellen sollte. Es ging ihr um die politische Unterstützung. Diese wurde ihr hinter den deutschen Kulissen insofern gewährt, als es zu keinem Zeitpunkt bei den Regierungsparteien oder in der Opposition eine ernsthafte Debatte über die Nutzung militärischer Stützpunkte des US-Militärs für den Irak-Einsatz gab, von der Partei ›PDS – Die Linke‹ einmal abgesehen. Tatsächlich wurde Anfang 2003 ein entsprechender Änderungsantrag zur Einschränkung dieser Nutzung auf einer Klausurtagung des recht weit links positionierten außenpolitischen Landesfachausschusses der Berliner SPD abgelehnt.

Klüger als die vordergründige politische Spaltung wäre somit eine Schadensbegrenzung durch Konsultation und Beratung gewesen. Diese hatte die US-Regierung dringend nötig, wie die eklatanten Fehlentscheidungen nach dem Sturz des Regimes im April 2003 gezeigt haben. Der gewaltsame Sturz des Regimes in Bagdad war nicht das Problem. Das seit Jahrzehnten geschwächte Land war gerade *nicht* gefährlich, wie fälschlicherweise oder in propagandistischer Absicht behauptet wurde, sondern besonders schwach und in prekärer Lage. Deshalb war der Rumsfeldsche ›light footprint‹ überhaupt möglich.

Der damalige Bundesaußenminister Joschka Fischer behauptete allerdings in seiner Biografie mit dem vielsagenden Titel *I am not convinced*, dass die Entscheidungsträger in Washington keine Beratung wünschten, was nicht ganz überzeugt. Denn die rot-grüne Bundesregierung war von Anfang an entschieden gegen eine Intervention. Sie schmiedete sogar ein Anti-USA-Bündnis, was bei den transatlantischen Bündnispartnern sicher nicht unbemerkt geblieben ist, und, nebenbei bemerkt, Deutschland zu einem Betätigungsfeld für US-Geheimdienste gemacht hat – mit noch ungeahnten Auswirkungen (siehe NSA-BND-Skandale). Die Begegnungen mussten deshalb naturgemäß intransigent sein.

Verwunderlich und ein wenig erschreckend war die Erkenntnis, dass die rot-grüne Bundesregierung offenbar über keinerlei effektive ›Kanäle‹ zum NATO-Hauptverbündeten verfügte, von den Regierungsparteien ganz zu schweigen. Man unternahm offenbar auch keinerlei Versuche, über Großbritannien, immerhin regierte dort mit Tony Blair eine führende europäische sozialdemokratische Partei, noch irgendwie am Geschehen direkt teilzuhaben.

Das Kernproblem lag indessen im fehlgeschlagenen sogenannten *nation-building* nach der schnellen und erfolgreichen Militäroperation. Zum einen hatte die US-Administration kein schlüssiges Konzept, um das seit Alters her dreigeteilte Land als stabile Entität zu erhalten und zu stabilisieren. Der frühere Pentagon-Staatssekretär Douglas J. Feith gab in seiner hintergründigen Biografie *War and Decision* von 2008 einen interessanten Einblick in die innere Zerrissenheit der Bush-Regierung, die sich vor allem zwischen Außenminister Colin Powell und Verteidigungsminister Donald Rumsfeld zeigte.

Während Donald Rumsfeld über die politische Kultur des überwiegend arabischen Landes Irak eine eher zynische Haltung an den Tag legte, und – getreu der neuen US-Militärstrategie – nur wenig Bodentruppen entsenden wollte (›No Boots on the Ground‹), warf man Colin Powell vor, den politischen Neuanfang nicht oder nur unzureichend vorbereitet zu haben.

Das Konzept des ›light footprint‹, also Niederwerfung mit wenig Bodentruppen, mit dem die Bush-Administration glänzen wollte, war wie gesagt nicht das Problem beim Sturz der Diktatur, es stellte sich aber im Augenblick der Niederwerfung sehr bald als eine der größten militärischen Fehlplanungen heraus. Denn Bagdad stürzte in Anarchie, Chaos und wüste Zerstörung, wie man beim Einbruch ins Nationalmuseum sofort feststellen musste. George W. Bush gab das in seiner 2010 erschienenen Autobiografie *Decicion Points* unumwunden zu.

Was den Vorwurf an Colin Powell betrifft, stand dahinter das eigentliche strategische Problem der ganzen Mission: Eingedenk der Tatsache, dass die Navigation von Iraks Stammes-, Religions- und Ethnopolitik höchst kompliziert war, so auch George W. Bush in seiner Biografie, krankte der neo-konservative Ansatz an seinem Mangel an Verständnis für die tiefen kulturellen Bezüge der inner-irakischen Politik. Das ist vermutlich eine Art Betriebsblindheit amerikanischer Technokraten, die glauben, dass Herkunft und Religion im Internet-Zeitalter in den Ländern des Nahen und Mittleren Ostens keine so große Rolle mehr spielen würden.

Und einer der größten Technokraten in der US-Administration war der Vizepräsident Dick Cheney, einer der Architekten des III. Golfkrieges, dessen Biografie *In my time* man entlocken kann, dass er im Alter von 29 Jahren zum ersten Mal in seinem Leben ein fremdes Land außerhalb der USA besucht hat. Er war als Angestellter von Donald Rumsfeld zur Beerdigung des ägyptischen Präsidenten Gamal Abdel Nasser nach Kairo in ein Vier-Sterne-Hotel gereist. Er wird auch danach nicht viel von der Welt sehen und verstehen.

Da half es offenbar auch nicht viel, dass der liberale Analytiker Samuel P. Huntington in seiner 1996 erschienenen, bahnbrechenden, wenn auch kontroversen, Abhandlung *The Clash of Civilizations*, zu deutsch falsch mit *Kampf der Kulturen* übersetzt, eigentlich heißt es ›Zusammenprall der Kulturen‹, sehr klar herausgearbeitet hat, welche Kräfte nach dem Ende des Kalten Krieges weltpolitisch wirkten, nämlich kulturelle Zugehörigkeiten, nicht ökonomisch trennbare Schichten oder Klassen.

Auf den Irak bezogen heißt das: Jedem Akteur musste vor der Intervention bewusst sein, dass die Sunniten die potenziellen Verlierer in einer Neuordnung sein würden, denn sie stellten die bisherige Elite in Bagdad, die durch das Verbot der Baath-Partei mehr oder weniger vollkommen von der Macht entfernt wurde. Auf der anderen Seite hat man mit der Intervention durch den automatischen Machtzuwachs Irans empfindlich in das hergebrachte Gleichgewicht eingegriffen, mit noch bösen Folgen für den späteren islamistischen Terror und die innere Ordnung Syriens.

Aber nicht nur die inner-amerikanischen Gründe haben die Mission an den Rand des Scheiterns gebracht. Es gab nicht zuletzt aufgrund der neuen Achse ›Paris-Berlin-Moskau‹ auch äußere Gründe für die unterschätzten Schwierigkeiten. Die Türkei, damals mit ihrem Ohr noch nahe an Kontinentaleuropa und in Sorge wegen eines kurdischen Staatsgebildes im Norden Iraks, gewährte den US-Truppen keine Operationsbasen auf ihrem Territorium, so dass der Angriff nur vom Süden her erfolgen konnte und sehr bald ein Sicherheitsvakuum im sogenannten sunnitischen Dreieck entstand.

Dieser Landesteil wurde erst, nachdem Bagdad bereits gefallen war, vom Süden her eingenommen. Viele Waffen verschwanden in dieser Zeit, die später von sunnitischen Terroristen und Aufständischen gegen US-Soldaten und nichtsunnitische Iraker eingesetzt wurden, zumal die von den USA dominierte Zivilverwaltung keine Vorkehrung für die aufgelösten Sicherheitsorgane einschließlich der riesigen irakischen Armee getroffen hat.

Es wird gemeinhin behauptet, dass im Nahen und Mittleren Osten militärische Lösungen zwangsläufig versagen und nur politische Lösungen Erfolg versprechen. In diesem Sinne wurde der US-Regierung Ende 2006 von der Irak-Kommission empfohlen – auch Irak-Studiengruppe, oder nach ihrem Vorsitzenden schlicht Baker-Kommission genannt –, alle Kampftruppen bis Anfang 2008 abzuziehen. Es sollten nur noch Einheiten zur Ausbildung der irakischen Armee zurückbleiben. US-Präsident George W. Bush folgte dieser Empfehlung *nicht* und stockte im Gegenteil die Truppen auf (›Surge‹), was in Verbindung mit weiteren Maßnahmen zum drastischen Rückgang der Anschläge führte. Das war vermutlich die größte staatsmännische Leistung von George W. Bush, die sich allerdings mit dem vollständigen Abzug aller Truppen ab

2011 durch seinen Nachfolger Barack Obama, der hauptsächlich mit dieser Forderung Wahlkampf gemacht hatte, wieder in ihr Gegenteil verkehrt hat.

Zum Thema Militäraktion sei auch daran erinnert, dass sich die kurdische Provinz im Nordosten des Irak nicht zuletzt aufgrund der Flugverbotszone zu dem entwickeln konnte, was jeder internationale Beobachter als positiv betrachtete: Zu einer von Giftgas verschonten, säkularen, weitgehend demokratischen, wirtschaftlich prosperierenden und im regionalen Vergleich freiheitlichen Enklave. Es ist das beste Beispiel gegen die Ansichten derjenigen, die jeden Eingriff von außen im Nahen Osten automatisch mit negativen Folgen in Verbindung bringen.

Zu Amtsbeginn des neuen US-Präsidenten Barack Obama Anfang 2009 war der Irak relativ stabil, obgleich die politische Entwicklung in Bagdad unbefriedigend blieb. Obama vollzog jetzt, wie er im Wahlkampf angekündigt hatte, was die Baker-Kommission Jahre zuvor empfohlen hatte. Ende 2011 waren fast alle Truppen abgezogen. Die neokonservative Epoche in der US-Außenpolitik, kurz und prägnant in Robert Kagans Streitschrift *Macht und Ohnmacht. Amerika und Europa in der neuen Weltordnung* beschrieben, ging zu Ende.

Die Zeit der imperialen Herrschaft Amerikas ist vorbei. Mit dieser Aussage legte der französische Philosoph Emanuel Todd schon 2002 eine Gegenthese zur neokonservativen Schule vor, die in deutscher Sprache ein Jahr später unter dem Titel *Weltmacht USA. Ein Nachruf* erschien. Im Umschlagtext heißt es prophetisch: »Die wichtigsten strategischen Akteure sind heute Europa und Russland, Japan und China. Amerika hat nicht mehr die Kraft, sie zu kontrollieren, und wird noch den letzten verbleibenden Teil seiner Weltherrschaft verlieren.«

Nach Todd geben der weltweite Anstieg der Alphabetisierungsquote und die Verbreitung der Geburtenkontrolle Anlass zu der Hoffnung, dass die Zukunft der Welt nicht so düster aussieht, wie die Fernsehnachrichten sie darstellen. So könne sich die Menschheit aus dem Zustand der Unterdrückung befreien. Auf die islamischen Länder bezogen bedeute der Heilige Krieg im Namen Allahs nicht so sehr Rückschritt, sondern sei Ausdruck einer Übergangskrise. Die Gewalt, der religiöse Zelotismus, seien nur vorübergehende Erscheinungen, der Ausdruck von Regelungsverlusten in Übergangszeiten. Auf den Umbruch folge automatisch eine Stabilisierung, ganz ohne Intervention.

Gehen wir nun wieder voraus in das Jahr 2011. Der von Tunesien und Ägypten ausgegangene sogenannte Arabische Frühling war bald auf Libyen und Syrien übergesprungen, überall ging die ›Generation Facebook‹ auf die Straßen, um Potentaten zu stürzen und Reformen einzufordern. Im beginnenden syrischen Bürgerkrieg gab es bislang einige Tausend Tote.

In den außenpolitischen Instituten wurde Anfang 2012 lebhaft über eine syrische Flugverbotszone ähnlich jener in Libyen diskutiert, die ein Jahr zuvor mit Legitimierung einer UN-Resolution eingerichtet worden war, um den Fall und die Zerstörung von Bengasi zu verhindern. In Libyen konnte der Diktator Muammar al-Gaddafi unter dem militärischen Schutzschirm der alliierten westlichen Ad-hoc-Koalition, eingeführt hauptsächlich von Frankreich, relativ schnell gestürzt werden. Aber darum ging es bei dieser von der UN gebilligten Aktion entgegen der heutigen Erzählung gar nicht, sondern es ging um die Rettung von Bengasi, einer Stadt mit einer halben Million Einwohner, die dem Erdboden gleichgemacht worden wäre bei Nichthandeln. Bengasi wäre das erste ›Aleppo‹ gewesen, in der Folge hätte sich Libyen wohl auch entvölkert, so wie es dann in Syrien geschehen ist.

Die später aufkommenden Probleme in Libyen mit den Milizen, die letztlich zur Teilung des Landes führten, traten erst *nach Jahren* des Sich-selbst-Überlassens auf. Ohne militärisch gestützte politische Stabilisierung gewannen Milizen an Einfluss, und das Land zerfiel. Die US-Administration hatte nicht einmal genug militärischer Hardware in dem ölreichen nordafrikanischen Land stationiert, um ihre eigene Botschaft zu schützen.

Dennoch stand dieses Land nicht vor der Zerstörung, dazu fehlten den verfeindeten Gruppen die Ressourcen. Anders hat sich Syrien entwickelt. Der Diktator Bashar al-Assad wird vom Iran und Russland gestützt und blieb deshalb an der Macht, so dass sich der Aufstand auf beiden Seiten radikalisierte und in der weiteren Folge die Aufständischen selbst in mehrere Fraktionen zerfielen. Noch war von einem vereinten säkularen Syrien die Rede.

Mit dem bedingungslosen Festhalten Russlands am Assad-Clan, der umgekehrt als Schutzmacht über die russische Militärbasis am Mittelmeer wachen sollte, scheiterten die Verhandlungen mit der Opposition. Diese weitgehend säkulare Opposition zerfiel spätestens ab dem Augenblick, als die Weltmächte USA und Russland in Genf über die Zukunft des Landes sprachen, endgültig in einen weltlichen und einen islamistischen Teil. Durch die Untätigkeit des Westens wurden diktatorische Staaten wie Saudi-Arabien die neuen Schirmherren der Opposition, sodass es langsam aber nachhaltig zu einer Konfessionalisierung des Konflikts kam. Am Ende dieser Entwicklung stand die »Schwarze Macht« (Christoph Reuter) des ›Islamischen Staates‹, die größtes Unheil anrichtete und Assad das Überleben garantierte. Sie hatte ihre Chance aufgrund des kopflosen Abzuges aller westlicher Soldaten aus dem Norden des Irak, der damit zum Vakuum geworden war und ein Aufmarschgebiet für Dschihadisten. Der versuchte Völkermord an den Jesiden, eindrucksvoll und grausam in dem Bericht der späteren Friedensnobelpreisträgerin Nadia Murad *(Ich bin eure Stimme)* belegt, wurde dadurch möglich. Unbezahlbare Weltkulturgüter wie die römischen Ruinen in Palmyra, Zentral-Syrien, wurden zerstört.

Aber auch der IS fiel nicht vom Himmel. Die Obama-Administration ließ die einzige Gelegenheit für eine legitime direkte Intervention zur Entmachtung von Assad anlässlich eines völkerrechtlich eindeutig geächteteten Chemiewaffeneinsatzes gegen Zivilisten in den Jahren 2012 und 2013 verstreichen und nahm damit die von Obama selbst gezogene ›rote Linie‹ nicht weiter ernst. Eine wesentliche Rolle spielte dabei sein damaliger Vizepräsident, der heutige US-Präsident Joe Biden, der sich strikt gegen jede militärische Intervention ausgesprochen hatte. Die US-Regierung fand auch keine Antwort auf den geschickten Schachzug des russischen Präsidenten, demzufolge Assad freiwillig seine vermeintlichen Chemiewaffen-Arsenale zur international organisierten Abrüstung freigab. Das Schicksal Syriens und von Teilen des Irak war damit im Zusammenspiel mit dem Abzug aller US-Truppen aus dem Irak bis auf Weiteres besiegelt. Die anfangs euphorisch unterstützte und ermunterte demokratische und säkulare Opposition wurde vom Friedensnobelpreisträger Obama eiskalt im Stich gelassen. Und zwar zu einem Zeitpunkt, wo sie nicht mehr zurück konnte, wo zu viel Blut geflossen war, um noch einen irgend gearteten Ausgleich innerhalb Assads Syrien hinzubekommen.

Zurück zum Irak: Fälschlicherweise glaubten Obamas Berater, dass sich auch dieses Land von selbst stabilisiere, wenn man der neuen – vor allem von Schiiten dominierten – Armee modernstes militärisches Gerät überließe, unter anderem zahlreiche Panzer und gepanzerte Fahrzeuge. Es dauerte nur wenige Jahre, bis ein Teil dieses Geräts in die Hände von Terroristen im sunnitischen Dreieck fiel, die ihren Kampf gegen die schiitische und kurdische Dominanz in Form des ›Islamischen Staates‹ mit neuer Wucht wieder aufnahmen. Gefährlich war daran vor allem die Narration ihrer geschichtlichen Mission als sunnitisch-geprägte Befreiung.

Daraufhin setzte eine konfuse Diplomatie ein: Zur Niederringung des IS setzte nun die US-Administration doch wieder massive militärische Mittel ein. Sogar die ansonsten in dieser Region strikt pazifistische Bundesregierung entwickelte ad hoc einen nie dagewesenen Aktionismus und ließ Waffen an die Kurden liefern. In einer unheiligen Allianz mit Russland, das jetzt umso mehr nur noch auf Assad fixiert war, gelang es, den Islamischen Staat nach und nach zurückzudrängen. Auch die Türkei trug dazu bei und half zunächst den Kurden, ehe sie sich dann wieder der ›Terrorbekämpfung‹ in den Kurdengebieten widmete und eine rein innenpolitisch motivierte Außenpolitik umsetzte. Mit jeder zusätzlicher Million Geflüchteter sank der innere Druck auf das Assad-Regime. Der Konflikt wurde quasi ausgelagert und mit der Merkelschen Politik der offenen Grenzen kanalisiert. Das ›Freie Syrien‹ fand in Europa statt, vornehmlich in Deutschland, mit unangenehmen innenpolitischen Folgen bis hin zum BREXIT.

Was wäre geschehen, wenn die westlichen Regierungen in den Jahren 2002 und 2003 andere Entscheidungen getroffen hätten oder der Angriff auf Bagdad in letzter Minute abgesagt worden wäre? Auch nach meiner heutigen Einschätzung hätte das jedenfalls ein enormes Glaubwürdigkeitsproblem auf Seiten des Westens geschaffen. Glaubwürdigkeit ist eine wichtige Münze der realpolitischen Außen- und Sicherheitspolitik, die so oft als Argument gegen den III. Golfkrieg zitiert wird.

Ohne den Angriff hätte Saddam Hussein oder einer seiner ihm nachfolgenden Söhne die diplomatische Schwäche des Westens ausgenutzt und nach gelockerten oder aufgehobenen Sanktionen ungehemmt mit russischer oder gar westlicher Technologie wieder die Aufrüstung mit ABC-Waffen inmitten des Nahen und Mittleren Osten betrieben, so dass sich die Notwendigkeit eines militärischen Eingriffs von außen vermutlich nur auf einen ungünstigeren Zeitpunkt verschoben hätte. Israel hätte auf einem Angriff bestanden.

Oder den Irak hätte dasselbe Schicksal wie Libyen und Syrien Anfang des Jahres 2011 ereilt, indem die junge Bevölkerung auch in Bagdad auf die Straße gegangen wäre, um den Diktator aus dem Amt zu jagen. Dann sähen wir uns heute einem ähnlichen Szenario wie im ebenfalls von der Baath-Partei regierten Syrien gegenüber, das trotz geringerer Einwohnerzahl bereits mehr als doppelt soviel Todesopfer gefordert hat als die US-Intervention im Irak, und nach wie vor Millionen von Flüchtlingen generiert.

Die vielen unnötigen Opfer des III. Golfkrieges haben wenig mit der Entscheidung der US-Regierung zu tun, einen gewaltsamen Regimewechsel herbei zu führen, denn bereits nach wenigen Wochen wurde die Statue des Diktators Saddam Hussein in Bagdad vom Sockel gerissen. Ein Land wurde mit Hilfe des Westens befreit! Ein regionaler Dauer-Aggressor wurde für immer entmachtet und ausgeschaltet, was dem Frieden in der Region unbestreitbar diente, und, was die Kurden und Schiiten betrifft, neue Perspektiven eröffnet hat. Man stelle sich einen wieder aufgerüsteten Irak unter Baath-Herrschaft vor, der erneut gegen Kurden und Schiiten oder Nachbarländer gewaltsam vorgeht, wie mehrmals in der jüngeren Geschichte geschehen.

Die vielen Todesopfer sind aber unbestreitbar den *politischen Fehlern* geschuldet, die nach dem Fall des Regimes gemacht wurden. Diese brachten die ganze Mission an den Rand der Katastrophe und sind teilweise irreparabel. Die weitere Präsenz einer US-geführten Schutztruppe hätte die jüngsten Opferzahlen im Nordwesten des Irak begrenzt. Mit dem vollständigen Abzug aller

Truppen konnte das Sicherheitsvakuum im IS-Gebiet überhaupt entstehen. Gleichzeitig hat die Obama-Regierung offenbar nichts dafür getan, die schiitische Dominanz in Verbindung mit Korruption und Vetternwirtschaft einzudämmen, um ein effektives Checks-and-Balances-System zwischen den Volksgruppen zu installieren und unumkehrbar zu machen. Es gibt also gute Gründe, das ›Ob‹ und das ›Wie‹ des Eingriffs differenziert zu betrachten. Mit Sicherheit aber sind alle verschwörungstheoretischen Ansätze falsch, die behaupten, dass der Nahe und Mittlere Osten heute friedlich wäre, hätte der III. Golfkrieg nicht stattgefunden.

Was die deutsche Außenpolitik in dieser Region betrifft, ist der Befund nach meiner Auffassung vernichtend: Es gibt sie nicht! Vielleicht gilt spätestens seit dem rot-grünen Wahlkampf von 2002 ein Satz eines deutschen Botschafters, den ich im Jahre 2010 so notierte: »In Deutschland haben wir allgemein das Problem, dass Außenpolitik ein Instrument der Innenpolitik geworden ist. Deshalb kann Deutschland auch keine strategischen Interessen entwickeln.«

Auch der Ansatz aller Merkel-Kabinette, militärisch zurückhaltend zu sein, d. h. keine nennenswerten neuen Einsätze der Bundeswehr mitzutragen und die bestehenden bedingungslos zurückzufahren, bringt meines Erachtens keine Lösung der Krisen im Nahen und Mittleren Osten, wie das jüngste Beispiel Afghanistan im August 2021 anschaulich zeigt.

Man könnte die bundesdeutsche Politik als eine Art Neo-Isolationismus bezeichnen. Manche gehen weiter und werfen der deutschen politischen Klasse vor, aus Ignoranz und Selbstbezogenheit heraus eine Art Neo-Pazifismus zu betreiben mit gefährlichen Folgen für die internationale Sicherheits-Architektur, die immer noch auf Verständigung *und* Abschreckung basiert, also auf der Grundlage dessen, was in den 60er Jahren innerhalb der NATO im Rahmen der sogenannten Harmel-Kommission entwickelt worden ist und äußerst erfolgreich bis heute wirkt.

Was den Irak und Syrien betrifft, schloss sich für alle begrenzten Maßnahmen das Zeitfenster bereits Anfang 2012. Vermutlich hätte eine Flugverbotszone ähnlich wie in Libyen zu einem Sturz des Assad-Regimes geführt. Anders als in Libyen hätte man für Syrien von Anfang an parallel dazu tatsächlich eine *politische Lösung* finden müssen, um spätere Teilungen zu verhindern. Damaskus und Aleppo hätte man zum Beispiel unter UN-Verwaltung stellen können, abgesichert durch internationale Truppen ausgestattet mit einem robusten Mandat. Minderheiten jeglicher Art hätten nach einer Formel weiter an der Macht beteiligt werden können. Im Unterschied zum Irak oder auch Libyen ist Syrien nicht derartig fragmentiert, was einzelne Volksgruppen betrifft, das Land ist bevölkerungsmäßig homogener. Traditionell wird wenig Wert auf die ethnischen Unterschiede der Regionen gelegt. Im Unterschied zu einem Krieg zwischen Teilen eines Staates ist ein Aufstand keine Schlacht um Ressourcen oder Territorien, sondern eine Auseinandersetzung, bei der es um das Verhältnis zwischen Regierenden und Regierten geht. Darauf weist zurecht Florence Gaub vom Europäischen Union Institut für Sicherheitsstudien (EUISS) in einem Aufsatz in der Zeitschrift ›Internationale Politik (IP)‹ in der Ausgabe September/Oktober 2015 hin. Dieser Befund trifft vor allem für Syrien zu.

Dies hätte zweierlei vorausgesetzt. Beides ist seit Jahren nicht gegeben: Erstens fehlt eine gemeinsame Strategie der westlichen Staaten, am Besten in Zusammenarbeit mit der Arabischen Liga oder einem ähnlichen regionalen Interessenbündnis. Alle Teilnehmer hätten Verantwortung übernehmen müssen, sowohl militärisch als auch zivil. Nur eine echte Arbeitsteilung, so wie sie bei der Stabilisierung der Westbalkan-Staaten in den 90er Jahren beispielhaft demonstriert wurde, würde zum gemeinsamen Ziel führen und könnte die entsprechende *hardpower* und *softpower* gewährleisten.

Zweitens hätte man Russland nicht gleich zu Anfang an solchen Beratungen beteiligen müssen, das traditionell ablehnend gegenüber einer aus seiner Sicht stets gefährlichen Politik des Regime-Change ist. Russland kann und muss man aber, analog der Stabilisierung des Westbalkans, *nach der militärischen Stabilisierung* und der vollzogenen Transformation mit ins Boot holen. Die strategischen Interessen Russlands in Syrien, insbesondere was den militärischen Stützpunkt am Mittelmeer betrifft, hätte man natürlich von vorneherein berücksichtigen müssen, beispielsweise in Form von völkerrechtlich verbindlichen Garantien oder sogar im Rahmen einer entsprechenden UN-Resolution.

Solche Lösungen wurden nirgendwo angedacht. Seit 2011 haben sich zudem die internationalen Beziehungen zwischen Russland, den USA und den europäischen Bündnispartnern zu Lasten der Vereinigten Staaten und zu Gunsten von Putins Russland weiter verschoben. Russland spielt in der Diskussion über den Nahen und Mittleren Osten kaum eine Rolle, was zunächst seltsam anmutet. Ein geopolitisch vernetztes Denken scheint es in Deutschland und Europa, ja im gesamten Westen, nicht mehr zu geben. Ein solches Denken müsste die Machtstränge Asiens und des Nahen Osten miteinander in Verbindung setzen. Niemand thematisiert ernsthaft die russisch-iranischen Beziehungen, und daraus folgend die iranischen Beziehungen zum Assad-Regime in Syrien (Achse, oder besser: Bogen Moskau-Teheran-Damaskus).

Anfang 2015 habe ich einen sehr sachkompetenten Referenten für einen Vortrag zum Thema *NATO, Russland und die Ukraine* eingeladen. Er konnte die gesamte geostrategische Situation im Verhältnis zu diesen Akteuren erläutern, nur auf die Frage, wie er die Veränderung der weltpolitische Lage durch die russische Unterstützung des syrischen Diktators einschätze, antwortete er, dazu könne ich nichts sagen, damit habe er sich noch nie beschäftigt. Entsprechend findet sich in der ansonsten brillanten Abhandlung von Volker Perthes *Das Ende des Nahen Ostens, wie wir in kennen. Ein Essay* aus dem Jahr 2015 praktisch kein Wort zur Rolle Russlands im Nahen und Mittleren Osten. An einer Stelle heißt es, Russland bemühe sich seit Anfang 2015 darum, in Syrien eine Annäherung zwischen dem Regime und Teilen der Opposition zustande zu bringen, was nicht mehr ist als eine belanglose Mitteilung. An anderer Stelle heißt es ebenso belanglos, die USA, die Europäische Union, Russland, China und Indien würden sich aus den Konflikten im Nahen Osten herauszuhalten versuchen, solange ihre eigenen Interessen nicht massiv gefährdet seien.

Gerade Putins Interesse an einer massiv gesicherten Militärbasis am Mittelmeer und seine Nähe zum Assad-Regime aus anderen Gründen (Waffenlieferungen etc.) sind aber eine der Hauptursachen, warum die Situation in dem Land eskaliert ist und es keine Aussicht auf eine politische Lösung unter russischer Vermittlung geben konnte. An dieser Stelle wäre auch die aufkeimende Konkurrenz zwischen einem neo-slawophilen Russland und einer neo-osmanischen Türkei anzusprechen. Die Analyse findet kaum oder gar nicht statt. Der Hinweis auf eine neue multipolare Weltordnung dient als Entschuldigung dafür, einfach nichts machen zu müssen. So mussten sich auf einer der seltenen außenpolitischen Tagungen der CDU/CSU-Bundestagsfraktion 2014 im Reichstag die Außenpolitiker der Fraktion ausgerechnet von der Ministerialbürokratie sagen lassen, dass Nichtstun in der Außenpolitik keine besonders kluge Strategie ist. Üblicherweise treiben Politiker die Bürokratie an, nicht umgekehrt.

In den letzten Jahren hat offenbar auch die Ministerialbürokratie vor dem Zeitgeist kapituliert. Wenn außenpolitische Ämter in der Politik permanent mit unerfahrenem, ja teilweise desinteressiertem Personal besetzt werden, dann kommt *hinten nichts mehr raus,* könnte man flapsig formulieren. Ortskräfte der internationalen Stabilisierungsmissionen und Millionen Menschen, die an den Westen geglaubt haben, müssen heute in Afghanistan die bittere Erfahrung machen, dass es keinen Verlass mehr gibt und oftmals blanker Dilettantismus herrscht. Das hat natürlich weltpolitische Nachwirkungen für viele Jahrzehnte, die nichts Gutes verheißen. Die Geschichte endet eben nicht 1990, im Gegenteil.

Vor allem seit der Eskalation durch den ›Islamischen Staat‹ kursieren auflagenstarke Bücher, die in verschwörungstheoretischer Art und Weise überwiegend monokausale Erklärungsmuster für den irakisch-syrischen Komplex anbieten. An erster Stelle ist das letzte Buch des verstorbenen Peter Scholl-Latour

Der Fluch der bösen Tat. Das Scheitern des Westens im Orient aus dem Jahr 2014 zu nennen. An zweiter Stelle wäre die etwas seriöser anmutende, aber in die gleiche Zielrichtung gehende Abhandlung von Michael Lüders *Wer den Wind sät. Was westliche Politik im Orient anrichtet* aus dem Jahr 2015 zu nennen. Beides sind anti-amerikanische Pamphlete, das eine offen, das andere etwas verdeckt missionierend.

Die westlichen Militärdoktrinen sind post-heroisch geworden, d. h. es wird kaum mehr Auslandseinsätze geben. Spekulationen ranken sich um die Frage, ob die deutsche Bundeswehr überhaupt noch einsatzfähig, d. h. kriegstauglich ist. Der entscheidende historische Wendepunkt in Deutschland war der Vorfall von Kundus in Afghanistan im Jahr 2009, der innenpolitisch skandalisiert wurde, und letztlich die innere Voraussetzung für den vollständigen Abzug der Sicherheitskräfte aus Afghanistan schuf. Es war die Debatte über die sogenannten Kollateralschäden, die jeder robuste militärische Einsatz mit sich bringen kann, aber nicht muss. Wenn man das politisch ausschließt, schränkt man die Handlungsfähigkeit und damit das Abschreckungspotenzial so stark ein, dass der Gegner nicht viel unternehmen muss, um wieder Terrain zu gewinnen. Genau das passierte in Afghanistan, neben prinzipiellen Fehlern, die beim sogenannten nation building schon 2001 und 2002 gemacht und nie korrigiert worden sind.

Das Problem post-heroischer Ansätze ist einfach beschrieben: Mit Luftschlägen alleine kann man nur helfen, ähnlich wie in Libyen oder schon auf dem Balkan, sofern vor Ort die Kapazitäten für einen demokratischen Umsturz vorhanden sind. Gegenüber einem Terror-Regime wie dem IS sind solche Maßnahmen, wie man gesehen hat, nicht zu erreichen. Dort konnte man nur mit Bodentruppen für eine Befriedung sorgen.

Mit der Entscheidung Putins, seinerseits Bodentruppen nach Syrien zu entsenden, um einen Kollaps des Assad-Regimes zu vermeiden und seine Basen zu sichern, war der Weg für eine gemeinsame Lösung in Syrien vollständig verbaut. Eine russisch-westliche Allianz schied wegen der unterschiedlichen politischen Ziele von vorneherein aus. Ab 2015 hätte das aktive Eingreifen auf Seiten der Assad-Gegner eine direkte Konfrontation mit russischem Militär bedeutet, das Assad als Bündnispartner ununterbrochen unterstützt und an der Macht gehalten hat.

In den folgenden Jahren nach 2016 kam die tschetschenische Lösung, das heißt Russland hat einen Siegfrieden herbeigeführt, unter Inkaufnahme jeglicher Opfer. Das kann man bedauern, war aber die logische Folge der vorangegangenen Untätigkeit des Westens. Viele Beobachter und Experten begrüßten diesen Endzustand, der ja gleichzeitig wieder der Anfangszustand ist. Das kann man als harte Realpolitik bezeichnen. Nach meiner Auffassung ist das nicht alternativlos gewesen. Jedenfalls dürfte es ein einmaliger Vorgang in der jüngeren Geschichte sein, dass sich ein Land entvölkern muss, nur weil eine Herrscherfamilie einfach nicht abtritt. Selbst eine ägyptische Lösung wäre besser gewesen, weil es vielen Flüchtlingen eine Rückkehrperspektive ermöglicht hätte. Das ›kleinste Brötchen‹ wäre ein Erfolg gewesen, freilich hätte man dafür ein Mindestmaß an Willen aufbringen und Verhandlungsziele finden und formulieren müssen. Die einzigen internationalen ›Spieler‹ in Syrien, die klare und konstante Ziele hatten, waren die Russen und später die Dschihadisten.

In Deutschland wird die Außenpolitik gänzlich zur Innenpolitik, mit scharfen Konsequenzen für die im Bundestag und in der Bundesregierung versammelten Politiker. Die Verweigerung vorausschauender Verantwortungspolitik führt dazu, dass viele Konflikte nun auf dem eigenen Staatsgebiet ausgetragen werden müssen. Niemand kann voraussagen, wie sich *unsere Republik* unter diesen Ereignissen weiter verändern wird. Wie weit die allgemein gültige Haltung, das ginge uns alles nichts an, wir mischen uns da nicht ein, führt, hat die Flüchtlingskatastrophe ab 2015 eindrucksvoll gezeigt.

Es gibt kein Entkommen: *Afghanistan ist wieder ein Hort des Terrorismus,* berichtet Christoph Wanner live aus Taschkent im TV-Sender WELT, genau 20 Jahre nach dem 11. September, am 27. August 2021.

LITERATURVERZEICHNIS

Abdel-Samad, Hamed: Der islamische Faschismus. Eine Analyse, Droemer, 2014

Aburish, Said K.: Saddam Hussein. The Politics of Revenge, Bloomsbury, 2000

Aust, Stefan/Schnibben, Cordt (Hgg.): Irak. Geschichte eines modernen Krieges, Spiegel Buchverlag, 2003

Blix, Hans: Mission Irak. Wahrheit und Lügen, Droemer, 2004

Bush, George W.: Decision Points, Crown Publishers, 2010

Butler, Richard: Saddam Defiant. The Threat of Weapons of Mass Destruction, and the Crisis of Global Security, Phoenix, 2000

Cheney, Dick: In my time, Simon & Schuster, 2011

Coughlin, Con: Saddam Hussein. Porträt eines Diktators. Eine Biografie, List, 2002

Cushman, Thomas (Hg.): A Matter of Principle. Humanitarian Arguments for War in Iraq, University of California Press, 2005

Edlinger, Fritz, u. Kraitt, Tyma (Hgg.): Syrien. Hintergründe Analysen Berichte, Promedia Verlag, 2013

Feith, Douglas J.: War and Decision. Inside the Pentagon at the Dawn of the War on Terrorism, Harper, 2008

Fischer, Joschka: Die rot-grünen Jahre. Deutsche Außenpolitik – vom Kosovo bis zum 11. September, Kiepenheuer & Witsch, 2007

Fischer, Joschka: »I am not convinced«. Der Irak-Krieg und die rot-grünen Jahre, Kiepenheuer & Witsch, 2011

Helberg, Kristin: Brennpunkt Syrien. Einblick in ein verschlossenes Land, Herder, 2012

Hesse, Reinhard: Ground Zero. Der Westen und die Islamische Welt gegen den globalen Djihad, Econ, 2002

Huntington, Samuel P.: Kampf der Kulturen, Die Neugestaltung der Weltpolitik im 21. Jahrhundert, Europaverlag München – Wien, 1996

Kagan, Robert: Macht und Ohnmacht. Amerika und Europa in der neuen Weltordnung, Siedler, 2003

Kochwasser, Friedrich H.: Kuwait. Geschichte, Wesen und Funktion eines modernen arabischen Staates, 1969

Löwer, Hans-Joachim: Die Stunde der Kurden. Wie sie den Nahen Osten verändern, Styria Premium, 2015

Lüders, Michael: Wer den Wind sät. Was westliche Politik im Orient anrichtet, C. H. Beck, 2014

Mackey, Sandra: The Reckoning. Iraq and the legacy of Saddam Hussein, W. W. Morton & Company, 2002

Münkler, Herfried: Der neue Golfkrieg, Rowohlt, 2003

Murat, Nadia: Ich bin eure Stimme, Knaur, 2017

Neudeck, Rupert: Es gibt ein Leben nach Assad. Syrisches Tagebuch, C. H. Beck, 2013

Perthes, Volker: Das Ende des Nahen Ostens, wie wir ihn kennen. Ein Essay, Edition Suhrkamp, 2015

Reuter, Christoph: Die Schwarze Macht. Der ›Islamische Staat‹ und die Strategien des Terrors, Deutsche Verlags-Anstalt, 2015

Reuter, Christoph, u. Fischer, Susanne: Café Bagdad. Der ungeheure Alltag im neuen Irak, C. Bertelsmann, 2004

Scholl-Latour, Peter: Der Fluch der bösen Tat. Das Scheitern des Westens im Orient, Propyläen, 2014

Sponeck, Hans C. Graf: Ein anderer Krieg. Das Sanktionsregime der UNO im Irak, Hamburger Edition, 2005

Sluglett, Marion Farouk und Peter: Der Irak seit 1958, Suhrkamp, 1991

Todd, Emanuel: Weltmacht USA. Ein Nachruf, Piper, 2003

Ullrich, Volker u. Rudloff, Felix (Hgg.): Der Fischer Weltalmanach aktuell. Pulverfass Irak, Fischer Taschenbuch, 2004

Unbekannter Irak, National Geographic Society, 2002

Weber, Max: Politik als Beruf, Reclam, 1992

Wolfrum, Edgar: Rot-Grün an der Macht. Deutschland 1998 – 2005, C. H. Beck, 2013

Woodward, Bob: Die Befehlshaber, Kiepenheuer & Witsch, 1991

Woodward, Bob: Plan of Attack, Pocket Book, 2004

Yazbek, Samar: Schrei nach Freiheit. Bericht aus dem Inneren der syrischen Revolution, Nagel & Kimche, 2012

Ziadeh, Radwan: Power an Policy in Syria. Intelligence Services, Foreign Relations and Democracy in the Modern Middle East, I. B. Tauris, 2011

Danksagung

Zu guter Letzt danke ich für die wertvolle Hilfe von Dr. Awat Asadi aus Bonn, als Politikwissenschaftler einer der Stellvertretenden Vorsitzenden von NAVEND – Zentrum für kurdische Studien e. V., der das Manuskript mit seinem fachlichen Auge kritisch durchgesehen hat. Wertvolle Anregungen gaben außerdem der Historiker Dr. Johannes Knewitz aus Appenheim sowie Astrid Saliter, Tanja Sunder-Plassmann und Dr. Svenja Busse.

Besonders dankbar bin ich postum dem leider viel zu früh verstorbenen Reinhard Hesse, einem der Berater und Freunde Gerhard Schröders, Verfasser des 2002 erschienenen Buches *Ground Zero. Der Westen und die islamische Welt gegen den globalen Djihad*, der anlässlich einer Veranstaltung bei der Deutschen Gesellschaft für Auswärtige Politik e. V. auf meine Reisen aufmerksam wurde und mir wertvolle Kontakte hergestellt hat.

Ebenso danke ich Frau Ingrid Vogel, die als wirtschaftspolitische Referentin in der deutschen US-Botschaft zwischen 1985 bis 2009 tätig war und mir einige grundlegende Besonderheiten der US-Außenpolitik näherbringen konnte.

Auch Christoph Reuter, weitgereister Kriegskorrespondent und Autor von *Die Schwarze Macht. Der ›Islamische Staat‹ und die Strategie des Terrors*, 2015, danke ich für ein sehr anregendes Gespräch am Rande einer gemeinsamen Veranstaltung mit ihm in der Friedrich-Naumann-Stiftung in Landshut im September 2015, zu der 140 Gäste erschienen, so groß war das Interesse an diesem Thema.

Last but not least bedanke ich mich bei meiner Lektorin Renate Solbach, die das Buchprojekt begleitet und überhaupt erst ermöglicht hat. Dennoch gehen jegliche Fehler natürlich auf meine Rechnung. Für weitere Anregungen und Hinweise bin ich dankbar.